行为视角下的库存管理

徐新生　王宜举　编著

科学出版社
北京

U0787215

内 容 简 介

本书系统地介绍了库存管理的基础知识和基本理论，给出了常见的库存模型及其扩展，包括经济订单批量模型和报童模型等. 在此基础上，又讨论了带行为偏好和带供应链协调的库存系统.

本书内容丰富、新颖，系统性强，可作为管理学和企业管理专业的研究生教材，也可作为工商管理和物流管理专业的本科生教材或参考书.

图书在版编目(CIP)数据

行为视角下的库存管理/徐新生，王宜举编著. —北京：科学出版社，2021.12

ISBN 978-7-03-068439-4

Ⅰ. ①行… Ⅱ. ①徐… ②王… Ⅲ. ①库存-仓库管理-研究生-教材 Ⅳ. ①F253.4

中国版本图书馆 CIP 数据核字(2021) 第 050277 号

责任编辑：李 欣 李 萍／责任校对：彭珍珍
责任印制：吴兆东／封面设计：无极书装

科学出版社 出版
北京东黄城根北街 16 号
邮政编码：100717
http://www.sciencep.com

北京中石油彩色印刷有限责任公司 印刷

科学出版社发行 各地新华书店经销

*

2021 年 12 月第 一 版 开本：720 × 1000 1/16
2022 年 1 月第二次印刷 印张：8 3/4
字数：176 000

定价：78.00 元

(如有印装质量问题，我社负责调换)

前　言

1915 年, 美国学者哈里斯 (Harris) 提出了经济订单批量模型, 开创了现代库存管理理论研究的先河. 20 世纪 50 年代, 人们提出了报童模型以应对不确定的市场需求. 进入 20 世纪 60 年代, 科学技术的进步和规模化生产的需要促进了现代库存管理方法的产生: 物料需求计划、制造资源计划和企业资源计划. 与之对应, 计算机技术的发展和应用使库存的控制效率得到大幅提升, 进而使库存管理成为一门比较成熟的学科. 与此同时, 准时生产方式成为降低库存水平的重要方式, 零库存成为企业共同追求的目标. 进入 21 世纪, 产品定价、物流和供应链管理被引入, 使库存管理得到更深入的发展, 形成了一个比较完善的理论体系, 成为运筹学的一个重要研究分支. 近年来, 各种不同的理论、方法和技术, 如模糊集理论、概率论与随机过程、最优控制理论等被引入库存管理中, 使得库存管理得到快速发展, 库存管理的方法也更科学、更有效.

本书在论述库存管理基本概念和基础理论的基础上, 结合库存管理的最新研究成果, 以降低库存成本为主线, 兼顾零售商的服务水平和行为偏好, 利用最优化技术, 系统介绍了不同类型的库存模型的建立、分析和求解过程. 本书在结构上力求做到系统性、实用性和学术性相结合, 内容上力求翔实、严谨、新颖.

本书在编写过程中参考了本领域的许多优秀著作和研究成果, 在此谨向这些成果的作者致以诚挚的谢意.

恳请读者不吝赐教, 来信请发至: xxs0905@163.com, wyijumail@163.com.

徐新生　王宜举

2021 年 1 月

目　　录

第 1 章　绪　　论

1.1　库存概念的提出

在人类的日常生活中, 只要有物资生产和消费活动就一定有库存. 农民春天播种, 秋天收获, 然后将粮食储存在仓里, 并在适当时候将多余的粮食卖掉, 等来年再收获粮食. 这是古典的生产和库存的过程.

现如今, 随着科学技术的发展和人类活动范围的扩大, 人们的生活水平和生活质量不断提高. 与之对应, 人们的生产过程表现出高度的专业化、技术化、信息化和规模化. 随之而来的是在生产过程中的半成品和产成品的库存越来越受到重视, 并渐渐发展起库存管理这门学科.

库存概念自古有之. 但把它作为一门学科来研究是 20 世纪以来的事情. 在市场经济环境下, 任何一种产品都有其独特的供应链. 在各自的供应链中, 物料经过原材料供应商到达生产商进行加工. 而产成品经配送中心、批发商和零售商再到客户. 整个供应链条中的任何不确定因素, 特别是市场需求的突然提升或供货延迟都要求供应链中的各个商业组织持有一定的存货以维持企业或商户的正常运转. 如在原材料采购阶段, 为防止供应市场的不确定性给生产环节带来影响, 保证生产过程的顺利进行, 生产企业需要一定数量的原材料库存和外购件库存. 在生产阶段, 为保证生产过程的均衡性和连续性, 生产企业需要一定的在制品库存和零部件库存. 而在产品的销售阶段, 为保证顾客的需求, 避免缺货或交货延迟, 企业需要持有一定数额的产成品库存. 这说明, 库存伴随产品的整个生产过程和销售环节 (图 1.1.1).

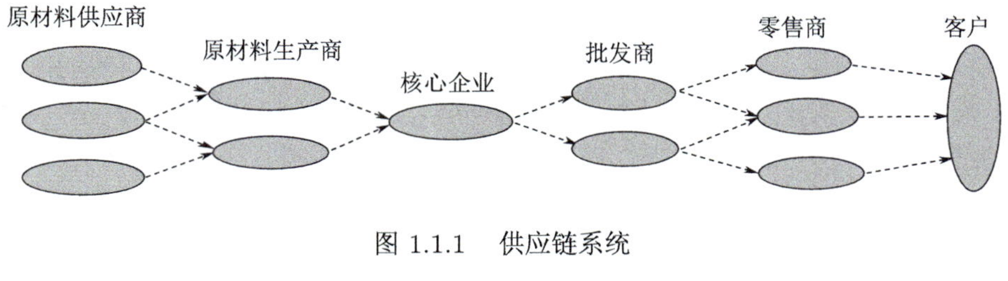

图 1.1.1　供应链系统

对于库存, 人们习惯上总认为物资储存越多越好, 其实不然. 因为现实情况极其复杂, 所以在许多问题上并非 “多多益善”. 对蛋糕店, 由于市场需求的随机性,蛋糕店无法精准预测市场的实际需求. 这样, 如果鸡蛋储存过少, 会发生停工待料现象; 如果鸡蛋储存过多, 除资金积压外, 还要支付鸡蛋的冷藏保鲜费用. 而一旦遇到停电或冷藏设备损坏等意外因素使鸡蛋变质, 企业会遭受很大的损失. 因此, 鸡蛋的储存是蛋糕店经营过程中需要解决的一个重要问题.

企业库存量过少不能满足企业生产和经营的需要, 而库存量过大, 不仅占用大量资金, 影响企业的运转, 而且还要付出大量的库存费用, 甚至可能由于长期积压而使库存物资损坏变质. 所以, 库存是出于经济因素而存在, 同时, 也是企业为应付外界变化不得已而为之的一种手段. 为保证生产和经营活动的顺利进行, 企业需要综合各方面的因素将库存量保持在一个合理的水平上, 即企业需要合理地、科学地进行库存控制, 使企业效益最大化. 这就是库存管理的主要任务.

对于库存管理, 哈里斯于 1915 年最早提出了"经济定单批量"模型, 首次从经济学角度给出了零售商的最优订购量, 从根本上改变了人们对传统库存的认识, 构成了现代库存管理的基石. 该模型后来被威尔逊 (Wilson) 于 1934 年再次提出并引入市场, 形成了现代库存管理的基本框架. 第二次世界大战后, 人们开始应用运筹学的思想和系统工程及概率统计的知识研究库存问题, 并逐步形成了系统的现代库存理论.

考虑到市场需求的不确定性, 人们在 1956 年提出了报童模型, 并立时成为库存管理研究的热点. 进入 20 世纪 60 年代, 科学技术的进步和规模化生产的需要促进了现代库存管理方法的产生: 物料需求计划、制造资源计划和企业资源计划. 与之对应, 计算机技术的发展和应用使库存的控制效率得到大幅提升, 进而使库存管理成为一门比较成熟的学科. 与此同时, 准时生产方式 (JIT) 成为降低库存水平的重要方式, 零库存成为企业共同追求的目标.

进入 21 世纪, 随着全球化市场的形成和网络经济的发展, 企业之间的竞争规则被改写. 企业不再靠自身力量与本行业的对手进行竞争, 而是依靠与之关联的供应商、批发商、制造商形成的联盟进行竞争, 通过供应链上的企业共同努力来为客户提供满意的服务. 这就形成了一种新的库存管理方法——供应链库存管理. 该策略打破了传统的各自为政的库存管理模式, 体现了集成化的管理思想, 适应了市场变化的要求, 代表了最先进的库存管理方法. 近年来, 各种不同的理论、方法和技术, 如模糊集理论、概率论与随机过程、最优控制理论等被引入库存管理中, 使得库存管理得到快速发展, 库存管理的方法也更科学、更有效.

1.2　库存的有关概念

库存是为满足未来需求而暂时闲置的有价值的资源. 它可以是企业在生产经营过程中为将来耗用或销售而储备的资源, 包括原材料、燃料、在制品、半成品等, 也可以是以备出售的产成品.

一件物品是否属于库存与它所处的位置和所处的状态无关, 即与它是否存放在仓库中没有关系, 也与它是否处于静止状态没有关系. 下面给出库存管理中一些常用的概念.

需求量 某时间段内的市场需求量, 一般用 D 表示. 单位时间内的市场需求量称为市场需求率, 一般用 λ 表示.

补货量 又称订单批量. 它是指企业向供应商一次性补货时的货物数量, 一般用 Q 表示.

补货周期 两次补货之间的时间间隔, 一般用 T 表示.

补货提前期 从发出订单到补充货物入库所经历的时间间隔, 又称前置时间, 一般用 LT 表示.

补货点 指零售商向供应商补货时的剩余库存量, 一般用 r 表示. 补货点内的库存主要用于满足补货提前期内的市场需求.

1.2.1 库存的分类

针对不同的分类标准, 库存有多种分类.

1. 按生产和配送过程中所处的状态分类

原材料库存 指企业通过采购和其他方式取得的用于制造的原材料物品. 它一般用于企业的生产耗用, 存在于产品的初始生产阶段. 构成产品实体的辅助材料、修理备用件、燃料、外购半成品不在其内.

在制品库存 指已经过一定的生产过程, 还需进一步加工的半成品和正在加工中的产品.

产成品库存 指已经加工完毕准备运送给经销商进行批发销售或零售商进行零售的完整物品. 这种库存通常由企业的销售部门或物流部门来控制.

原材料进入生产企业后, 要通过不同的工序. 而每经过一道工序, 附加值有所增加, 成为不同水准的在制品库存. 产成品进入流通渠道后, 经过配送中心、经销商、零售商, 最后到达消费者手中.

2. 按经营过程分类

周期性库存 由于批量采购或批量生产成本较低, 所以几乎所有的企业在运营过程中会批量采购或进行批量生产. 随着时间的推移, 库存量逐渐减少. 当库存量减至一定程度后, 商家会通过再订购进行补充. 如此重复下去. 该过程中的库存称为周期性库存.

对周期性库存, 补货周期越长, 也就是两次补货之间的间隔时间越长, 每次的补货量就越大, 库存量也就越大.

安全库存 为应付补货提前期内市场需求的突然陡升、供应商供货的突然延迟及补货提前期的突然变化而设置的缓冲库存.

季节性库存 又称调节库存. 它主要是为调节需求或供应的不均衡、各生产阶段的产出不均衡而设置的库存.

对一些农产品, 如水果等, 一些企业会在其上市后购置储存起来, 并在未来的某个时间投放市场, 以期获取大的效益. 这就是季节性库存.

促销库存 为应付企业的促销活动而设立的库存.

投机库存 为避免物价上涨而提前购置的库存.

沉淀库存 又称积压库存. 它是指物品变质不再有应用价值的库存或没有市场销路的滞销库存.

3. 按经济用途分类

商品库存 指零售商补货后供销售的库存. 其特点是在销售之前, 保持原有实物的形态. 对这类库存, 零售商一般通过订购价和销售价之间的差额获取效益.

制造业库存 企业购置后用于生产制造的库存. 其特点是在出售前需要进行一系列的加工, 使原有货物的形态或使用功能发生变化, 从而使附加值有所增加, 如原材料、在制品、半成品、产成品库存等.

其他库存 供企业耗用的包装用品和为生产经营服务的辅助性物品. 它主要满足企业的各种消耗性需要, 如包装盒、燃料等.

4. 按存放地点分类

在库库存 已经运送到企业并已验收入库的库存.

在途库存 指正处于运输状态或暂时停放在企业中转站的库存.

无论货物付款与否, 凡已取得货物所有权并在运输途中的各种外购物品都属于在途库存.

库存是企业流动资金运作情况的晴雨表, 也是企业赢利的调节器. 它在企业资本运营中占很大的比重. 实际上, 只要看一看大型物流中心忙于装卸的传送带和疾速行驶的集装箱运输车, 就可以推知库存的规模和重要性. 库存以原材料、在制品、半成品和产成品的形式存在于企业的采购、生产和销售的各个环节. 库存可以调节这些环节之间在供求品种和数量不尽一致时产生的矛盾, 实现这些带缝环节之间的无缝连接, 起润滑剂的作用.

1.2.2 库存的作用

库存在企业发展中的作用不可小视. 在过去的几十年中, 零售业的沃尔玛、电子商务业的亚马逊、汽车制造业的丰田、计算机行业的戴尔等企业, 保持低成本的库存是它们成功的一个要素. 现如今, 库存已成为企业参与全球竞争的维度之一. 具体地, 库存有以下作用.

1. 获取规模效益

对于销售业而言, 零售商进行补货时, 除向供应商支付购货成本外, 还要支付一定的订单处理费用, 如订购货物时的物流运输费用和人力费用等. 这构成了货物的补货启动费用. 这些费用往往是一次性的, 与补货量无关. 显然, 补货量越大, 均摊到单位货物上的补货启动费用越低.

对于生产企业来讲, 在投入生产时, 需要做一些前期准备, 如设备的安装、调试及生产原料的化验、调配等, 而一旦完成准备工作, 投入生产时生产量越大, 单位产品的生产成本就越低.

2. 应对市场需求及补货提前期的不确定性、平衡供给和需求

一个企业在经营过程中, 要面对许多不确定因素, 如市场需求的不确定、供应商交货时间的不确定、产品质量的不确定等. 当市场产生需求而企业无法及时满足时, 会给企业带来损失. 为避免这种损失, 一个可行的方案就是预备一定数量的库存来应对这些不确定因素.

3. 平稳生产过程

对季节性商品, 有时我们会比较准确地预测在将来某个时期市场对某种产品有一个需求高峰, 如月饼、空调等季节性产品和准备在大型展销会销售的物品等. 现实生活中, 在需求高峰时突击扩大生产很不现实. 为应对这种状况, 一种很自然的方法是提前生产并将其储存起来, 然后在市场需求高峰时抛向市场.

4. 投机行为

现代社会提倡勤劳致富, 但信息的作用不可忽视. 企业一旦预测某种生产原料或物品近期价格可能上涨, 为避免增加采购成本, 企业会以超过平时库存正常水平的数量进行采购.

5. 分离运作过程

任何一个生产流水线都有很多生产环节, 前一个生产环节的半成品被发送到后一生产环节继续加工或生产. 一旦生产线上的某一环节出现问题, 后面的生产环节就会停顿. 避免这种情况的一个有效方法是在每一生产环节储备一些在制品, 以降低前后生产环节的关联度.

6. 最低采购量

当生产厂家从某商家购买某消耗品或原材料生产某批量订单时, 如果商家有最低采购量的限制, 并且最低采购量大于生产厂家的某订单需求, 生产厂家只得将多余的货物储存起来留待以后使用.

1.2.3　库存的成本

虽然库存具有上述多项功能, 但也是一种无奈的结果. 因为只要有库存, 就会产生成本. 根据经验, 存货的年持有成本约占商品价值的 20%. 也就是说, 500 元的物品在仓库储存一年的费用约为 100 元. 具体地, 库存会产生以下方面的成本.

1. 补货成本

补货成本分为补货启动费用和补货可变费用. 补货启动费用是与补货活动有关的初期费用, 且不同行业有不同的表现形式. 对于生产企业来讲, 它收到订单后, 为完成这一生产任务, 需要进行一系列的准备工作, 如生产设备的安装、调试, 生产原料的化验、调配等. 对于零售商而言, 补货启动费用表现为货物的订单制作费用、交通运输费用及人工费用等. 该项费用是一次性的, 与补货量大小无关或关联度很小.

对生产企业来讲, 补货可变费用一般指原材料的成本消耗和生产过程中的人工费用等; 对零售商而言, 补货可变费用表现为补货时付给供应商的购货成本. 一般地, 补货量越大, 补货可变费用就越大.

2. 持货成本

持货成本指货物库存期间产生的费用, 它包含资金占用成本和库存运作成本.

对零售商而言, 零售商补货时需要付给供应商购货成本, 这构成了货物的占用资金, 而企业只有在其购置的货物销售完毕并收到货款后才能收回成本并带来效益. 从货款付出到销售完毕收到货款的这段时间, 占用资金以货物库存的方式被占用, 从而使企业失去了该项资金的其他投资机会. 这些占用资金在库存运行期间可能产生的经济效益称为资金占用成本, 也称机会成本. 如果企业通过银行贷款获得占用资金, 那么机会成本表现为银行的贷款利息.

库存运作成本主要包括仓库的租金和库存运作费用, 如水、暖、照明、保鲜及维修、安保人工费用等.

无论是资金占用成本还是库存运作成本, 它们都与库存量和库存时间成正比. 也就是说, 库存量越大, 库存时间越长, 持货成本越高.

3. 缺货惩罚成本

库存缺货成本是指由库存供应中断而造成的损失. 如果库存管理不善, 就会出现市场需求不能被及时满足的情况, 也就是出现缺货. 由此产生的成本称为缺货惩罚成本.

对于销售商来讲, 缺货惩罚成本主要体现在两个方面: 一是现时损失, 它是指因缺货不能完成商品交易而带来的商家不能获利的损失; 二是潜在损失, 它是指由缺货所造成的顾客对商家失去信誉而带来的损失, 如由频繁缺货而导致顾客光顾次数的减少或失去客户而带来的损失.

对于生产企业来讲, 缺货惩罚成本体现为由原材料供应中断造成的停工损失、产成品库存缺货造成的发货延迟损失和销售机会丧失带来的效益损失, 也包括企业由库存中断而采用补救措施带来的费用.

4. 风险成本

风险成本是指货物由于储存时间过长发生变质、市场需求发生变化出现滞销、保管不严遭窃等带来的损失.

随着科技的发展, 产品的更新换代不断加快, 新产品不断出现. 同时, 消费者的需求也在朝着个性化和多元化的角度发展, 对产品的挑剔度越来越高. 如果库存过多, 就会因新产品的出现而使库存货物的价值缩水, 甚至变得一文不值. 因此, 企业在进行库存控制时要谋求资本的有效运用, 促进流动资金的良性循环.

综上所述, 库存可以给企业带来效益, 但同时也会使企业造成资源闲置、资金积压, 引起资金周转困难. 而库存过多会使企业损失风险增大, 企业的预期投资效益受到影响. 所以, 库存是维持企业运行的一种重要举措. 因此, 一个企业若要保持高的市场竞争力, 就必须通过科学的库存管理方法降低企业的平均资金占用水平, 提高库存的流动速度和资金周转率, 降低库存成本.

据此, 库存管理就是在经济、合理及某些特定条件下, 如不允许缺货或保持一定的服务水平, 对货物的补货时间及补货量进行管理和控制. 它有两个出发点: 合理性和经济性. 一般地, 补货量越大, 体现出的规模效益使物品的边际补货启动费用下降越多, 也减少了在市场需求出现波动时的缺货次数. 但这会增加物品的边际库存运作成本, 还会造成流动资金的长时间占用和资金呆滞. 这既加重了货款利息等负担, 又会影响资金的时间价值和机会收益. 同时, 还会造成企业资源的大量闲置, 影响其合理配置和优化. 最关键的, 大量库存会掩盖企业生产、经营全过程的各种矛盾和问题, 不利于企业的发展. 如果补货量过大, 则除增加持货成本外, 同时还要应付诸如产品过期、滞销、失窃等风险. 库存量过小则会造成补货次数的增加, 服务水平的下降, 从而影响企业的销售效益和信誉. 同时也会造成生产系统原材料或其他物料供应不足, 影响生产过程的均衡性和装配时的成套性. 所以, 在进行库存管理时必须在库存成本与库存效益之间做出权衡, 达到两者的最佳结合. 由此, 库存管理的主要任务是在库存成本的合理范围内保证在正确的时间和正确的地点有满意数量的物品. 为实现该目标, 库存管理人员必须做出两项基本决策: 补货时机和补货量, 即解决何时补货和补多少的问题. 需要说明的是, 库存管理是对库存货物的品种及其存量进行管理与控制, 它只考虑其合理性和经济性, 而不从技术上考虑货物的装卸、运输和储藏.

高的顾客满意度和低的库存投资似乎是商业活动中不可调和的矛盾, 过去也一度认为这对目标不能同时实现. 现在, 通过新的物流管理技术, 同时伴随企业内部管理的日益完善和部门之间的协调, 企业可同时实现这一对目标. 这就是库存管理的功能.

1.3　库存系统的分类与库存管理评价指标

库存管理是在经济、合理和某些特定条件下对企业的存货进行管理, 主要基于现有库存量和市场需求信息来解决何时补货和补多少的问题, 以提高企业的经济效益. 根据不同的标准, 库存管理有以下分类.

根据补货的重复性分为: 单周期库存系统和多周期库存系统.

单周期库存系统是指系统运行过程中, 货物实行一次性订齐, 而通常情况下不再补货, 如农产品的季节性收购、博览会展销等. 多周期性库存系统是指在系统运行过程中商家可以多次补货, 销售掉的货物不断订购和补充, 如各大超市和商场的货物采购.

对多周期库存系统, 如果前后补货周期之间没有任何关联或关联度很小, 这样的库存系统也称作单周期库存系统.

根据对未来需求和补货提前期的知晓度分为: 确定型、风险型和完全不确定型.

确定型库存系统是指系统的所有参数, 如市场需求、补货提前期等均确定的库存系统. 风险型库存系统是指企业对未来的市场需求或补货提前期未知, 但根据历史记录可以推知这些参数的大致范围和相应的取值概率的库存系统. 完全不确定型系统是指对未来的需求和补货提前期没有参考信息的库存系统, 如新投入市场的产品的库存系统就是这种类型.

根据系统物品在时间和数量之间的关联度分为: 独立需求系统和关联需求系统.

独立需求系统是指库存的货物之间没有任何关联的库存系统, 如大型超市和商场销售的日用品等. 关联需求系统是指库存的货物之间在需求时间和需求数量之间有一定的关联的库存系统, 如轿车制造厂需要的轮胎、发动机、车灯、坐垫、车窗玻璃、方向盘等部件的库存.

在库存管理中, 除了考虑库存成本之外, 还需要考虑顾客的满意度, 也就是服务水平. 服务水平就是在正确的地点、正确的时间, 有满意数量的合适商品满足市场需求. 在激烈的市场竞争中, 企业不仅要保证产品的质量, 同时还要提供优质的服务, 以保证企业的竞争力. 这就引出了服务水平的概念.

服务水平反映在库存运营过程中, 市场需求被满足的情况. 服务水平有两类度量方法.

第一类服务水平 在库存系统运行过程中不缺货的概率. 它一般用多个补货周期中不缺货次数占总补货次数的比率表示, 通常记为 α.

该指标计算简单, 但不能真实反映商家的服务水平. 如两零售商在某时段内的总补货次数和缺货次数都相等, 但缺货量不同, 给商家带来的损失自然不同. 但根据定义, 两零售商的第一类服务水平相等. 这就引出了第二类服务水平.

第二类服务水平 某时间段内被及时满足的需求量占总需求量的比例, 一般用 β 表示.

相比第一类服务水平, 该指标清晰地表明了企业在运行时段内能够满足市场需求的程度. 尽管如此, 我们会根据实际需要选取合适的服务水平定义进行考虑.

例 1.3.1 某厂家在 10 个运行周期内对某物品的市场需求及满足情况如表 1.3.1 所示.

表 1.3.1 市场需求及被满足情况表

周期	需求量	满足量	缺货量	周期	需求量	满足量	缺货量
1	342	342	0	6	351	351	0
2	459	405	54	7	143	143	0
3	165	165	0	8	184	184	0
4	377	377	0	9	256	256	0
5	412	405	7	10	218	218	0

在上述 10 个运行周期中, 有 8 个补货提前期内的需求得到满足. 因此第一类服务水平为

$$\alpha = 0.8.$$

在这 10 个补货提前期内的市场总需求量为 2907, 而被满足的需求量为 2846. 所以第二类服务水平为

$$\beta = \frac{2846}{2907} \approx 97.9\%.$$

对于一个库存系统, 要衡量其运行状况, 除服务水平和库存成本外还有一个评价指标, 就是库存周转次数, 它是指在某时段内 (一般为一年) 的销售成本与平均占用成本之间的比值, 或年库存量与平均库存量之间的比值, 即

$$\text{库存周转次数} = \text{年销货成本}/\text{年平均存货成本} = \text{年库存量}/\text{年平均库存量},$$

它主要反映一年的资金流动情况.

设某公司采购某种商品, 进货单价为 100 元, 年库存量为 10000 件左右. 设公司每次进货 1000 件. 则每补货周期内的平均库存量为 500 件. 从而库存周转次数为

$$10000/500 = 20, \quad 或 \quad (10000 \times 100)/(500 \times 100) = 20.$$

基于此, 要提高企业的资金周转率, 就必须根据市场供求确定合理的订购量, 加快资金周转.

1.4 库存管理方法

一个有效的库存系统要在库存成本尽可能低的基础上, 保证有足够的库存以应付市场的波动需求, 鉴别出超存物资、畅销品和滞销品, 向企业决策层提供准确、简明、适时的库存信息报告. 据此, 库存管理的方法主要有如下几种.

1.4.1 补货点方法

补货点方法就是对库存量设置一个补货点 r, 一旦剩余库存降低到补货点或剩余库存在某规定时间降低到补货点以下就发出补货请求. 根据补货量和补货点检测时间的不同又可分为如下两种方法.

1. 定量补货点方法

该方法下的补货量为 Q, 补货点为 r. 因此又称 (Q, r) 补货策略. 该方法对剩余库存量进行实时监测. 一旦剩余库存量降至补货点水平 r 时, 便发出补货量为 Q 的补货请求. 该库存方法主要适用于需求量较大、缺货费用较高、需求波动性较大的物品.

2. 定期补货点方法

该策略简记为 (S, s) 策略, 其中 s 表示补货点, S 表示最大库存量. 它定期检查剩余库存. 一旦发现剩余库存量降至补货点 s 以下, 就发出补货请求, 并将库存水平补充到 S. 具体地, 在某固定检测点, 若剩余库存量 I 满足 $I < s$, 则发出补货请求, 补货量为 $S - I$; 否则不补货. 该策略很容易造成缺货, 因而适用于一些库存成本较低、缺货费用较小的货物.

1.4.2 ABC 分类法

ABC 分类法由 ABC 分析法转化而来. 它最早于 1951 年由美国的迪克电器公司在库存管理中倡导使用.

一般说来, 企业的库存物资种类繁多, 每种物品的占用资金和销售量也不同. 但一般只有少数物品的需求量较大, 占用流动资金也较多. 相对而言, 种类较多的

其他物品的需求量较小, 占用的流动资金比例也较小. 企业对所有库存物品给予相同程度的重视和管理会产生巨大的开支, 也不切合实际. 为此, 有必要对库存物资进行分类管理, 以便将库存管理的重点放在重要物资的库存上, 这就是 ABC 分类法.

具体地, 根据需求量和流动资金的大小可将多种库存物资分为 A, B, C 三类. 其中, A 类物资种类占全部库存物资种类的 10% 左右, 而其需求量和占用资金却占总需求量的 70% 左右; C 类物资种类占全部库存物资种类的 70% 左右, 而需求量和占用资金占总需求量的 10% 左右; B 类物资介于 A 和 C 两类物资之间, 其需求量和占用资金占总需求量的 20% 左右, 而种类不超过全部库存物资种类的 30%. 在销售过程中, 当 A 类物资的销售量增加时, 企业的销售额和效益陡增, 而 C 类物资的销售对企业的效益影响较小.

在库存管理时, 考虑到 A 类物资在品种数量和流动资金中所占的比例, 如果对它们有效地管理和控制, 在保障供给的条件下尽量降低库存, 则可提高资金周转率, 降低库存成本. 因此建议使用连续性盘点的 (Q, r) 策略定期盘货, 并通过与供货商的密切联系和信息沟通来减少安全库存量. 对 C 类物资, 考虑到其品种数量大, 但占用资金少, 所以可适当放宽库存控制, 采用简单的周期性盘点的 (S, s) 策略, 同时设置较高的安全库存以减少补货次数. B 类物资的状况处于 A 类和 C 类之间, 其库存处理方式也介于这两种库存管理方式之间.

ABC 分类法可以分清主次、抓住重点、区别对待, 使库存控制更快捷、有效.

1.4.3 MRP 物料需求计划和准时供应方法

物料需求计划和准时供应方法多应用于制造业. 由于物料和零部件最终都被产成品耗用, 所以其需求量和需求时间会根据最终产品的生产流程精确计算. 为降低库存成本, 可采用反工艺方向, 根据最终产品的计划完工日期反向确定各种物料和零件的订购日期与数量.

准时供应方法是“看板”管理方法. 在该方法中, 企业按照一定的日程表向供应商补货, 并由供应商准时给厂商供货. 这样下游企业为减少库存费用需要经常补货. 这种管理模式存在于生产过程的各个环节, 如产品的设计、包装和售后服务等. 该管理模式代表的是一种企业管理理念. 其含义是: 库存水平最低, 库存费用最小.

物料需求计划和准时供应方法主要适用于生产最终物品的原材料和零部件. 物料需求计划的安全存储量最小, 而准时供应方法几乎没有存货.

一个完善的库存管理系统绝不是几种定量库存模型系统的合成. 深层次的研究发现, 库存并不是简单的资源储备或闲置的问题, 而是一种组织行为. 因此, 库存管理的真正本质不是针对物料的物流管理, 而是针对企业生产过程的工作流程管理. 通过整合工作流程来实现“拉式”库存, 可以大幅度地降低库存.

一个企业的经营战略决定了库存决策的基调. 首先, 一个企业要有高质量的产品, 这是企业发展的生命力所在. 其次, 要为客户提供满意的服务. 只有这样才能留住客户, 否则企业的生存就会出现危机. 这决定了企业的基本经营战略: 保证产品质量 (包括产品的创新), 控制和降低产品成本, 在保证生产顺利运行的基础上减少各个环节的资源浪费, 实现企业库存管理成本的最小化.

基于此, 要提高库存管理水平, 可采取以下措施:

(1) 缩短前置时间, 如采取就近补货;

(2) 加强信息沟通, 将未来某时段内的需求尽可能早地通知供应商;

(3) 同供应商签订最低年购买量合同;

(4) 对用户预订的物品提供价格折扣以降低库存量;

(5) 保持多条销售渠道;

(6) 库存物资标准化;

(7) 及时处理无用存货.

第 2 章　经济订单批量模型

经济订单批量模型是在市场需求率恒定、无补货提前期等理想假设下的一个库存决策模型. 本章主要讨论经济订单批量模型及其扩展模型的最优补货决策.

2.1　基本经济订单批量模型

经济订单批量 (economic order quantity, EOQ) 模型最早由哈里斯于 1915 年提出, 而后由威尔逊于 1934 年独立再创并引入市场. 习惯上, 人们称威尔逊为 EOQ 模型的创始人. 下面给出模型假设和有关记号.

假设 2.1.1　经济订单批量模型满足

(1) 市场需求率恒定, 即单位时间的需求恒定;

(2) 补货能力无限大, 即无论补充多少货物都能实现;

(3) 无补货提前期, 即一旦发出补货请求, 货物立即到位;

(4) 不允许缺货;

(5) 库存系统运行时间无限长.

下面是模型求解时用到的符号:

K　补货启动费用;

λ　市场需求率;

T　运行周期;

c　零售商的购货单价;

Q　补货量;

h　单位时间单位货物的持货成本.

显然, 上述参数中, Q 和 T 为决策变量, 它们之间满足 $Q = \lambda T$.

由于运行时间无限长, 故库存系统有无穷多个补货周期. 为此, 设第 i 个补货周期的补货量为 Q_i. 那么每次补货后, 库存以需求率 λ 的速度下降. 在剩余库存量降低到一定程度时进行下一次补货. 如此重复下去. 根据模型假设, 由于补货提前期为零且不允许缺货, 要使库存成本最低, 应在库存量降低到零时进行补货, 否则会产生多余的持货成本. 见图 2.1.1.

显然, 每一个补货周期都有一个库存成本, 并相应产生单位时间的库存成本. 要使库存总成本最低, 就必须寻求一个补货量使对应补货周期内单位时间的库存成本最低, 然后据此确定每次的补货量. 这样, 该库存问题归结为寻求补货量 Q 使其在对应补货周期内单位时间的库存成本最低, 见图 2.1.2.

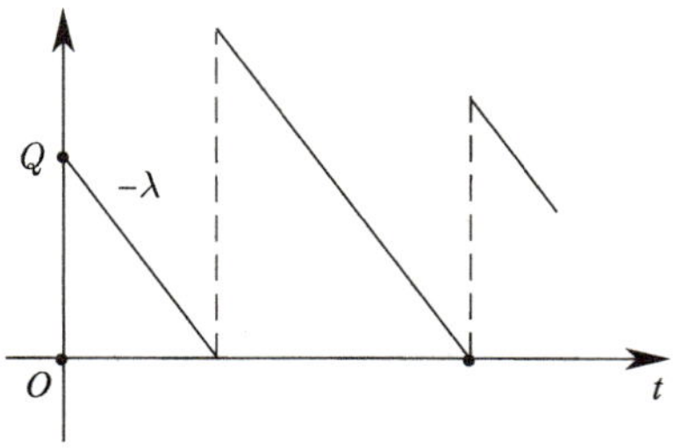

图 2.1.1 不同补货量下的库存系统

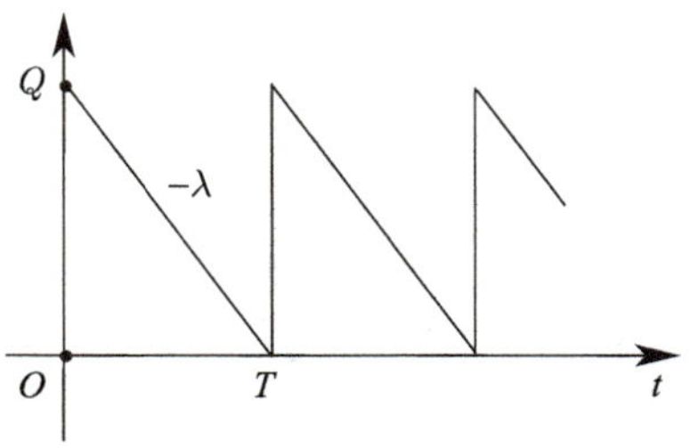

图 2.1.2 EOQ 模型的补货方式

下面考虑补货量 Q 在对应补货周期 $[0,T]$ 内的库存费用. 根据模型假设, 库存系统不允许缺货且市场需求恒定. 所以, 每个补货周期主要有三方面的库存费用: 与补货量无关的一次性支出 (补货启动费用)K, 与补货量有关的补货可变费用 cQ, 与补货量和补货周期长度有关的持货成本 H.

对于持货成本, 由市场需求率 λ, 可知 t 时刻的库存量为 $Q-\lambda t$. 由 h 的定义, 该周期内的持货成本为

$$\int_0^T h(Q-\lambda t)\,\mathrm{d}t = h\left(QT-\frac{1}{2}\lambda T^2\right)=\frac{1}{2}QTh.$$

显然, 式中 $\frac{1}{2}QT$ 为图 2.1.2 中周期 T 对应的三角形面积, 我们称其为该周期内的累计库存量. 利用 $T=Q/\lambda$ 可得该周期内的总持货成本 $H=\frac{Q^2}{2\lambda}h$.

结合补货启动费用和补货可变费用可得周期 T 内的总库存成本

$$C(T,Q)=K+cQ+\frac{Q^2h}{2\lambda}.$$

由此得该周期内单位时间的库存成本

$$C(Q)=\frac{1}{T}\left(K+cQ+\frac{hQ^2}{2\lambda}\right)=\frac{\lambda}{Q}K+\lambda c+\frac{Q}{2}h.$$

这样, 经济订单批量模型的补货决策问题就化为如下单元函数的极值问题

$$\min_Q C(Q)=\frac{\lambda}{Q}K+\lambda c+\frac{Q}{2}h.$$

容易验证, $C''(Q)>0$. 故 $C(Q)$ 关于 Q 为凸函数. 所以, 该函数的最小值点为其导数零点, 即最优补货量 Q 满足

$$-\frac{\lambda}{Q^2}K+\frac{h}{2}=0.$$

解之得经济订单批量模型的最优补货量

$$Q^{\mathrm{EOQ}}=\sqrt{\frac{2\lambda K}{h}}.$$

利用上述式子, 易得补货周期

$$T=\frac{Q^{\mathrm{EOQ}}}{\lambda}=\sqrt{\frac{2K}{\lambda h}}.$$

进而, 该补货周期内单位时间的库存费用为

$$C(Q^{\mathrm{EOQ}})=\sqrt{2\lambda Kh}+\lambda c.$$

容易验证, 如果基于单位物品的库存成本最低, 也可得上述结论.

下面依次分析库存模型参数 c,λ,h 对经济订单批量 Q^{EOQ} 的影响.

对补货单价 c, 根据经济订单批量的计算公式, 补货单价 c 与最优补货量 Q^{EOQ} 无关. 这很容易理解. 因为单位时间的补货可变费用 λc 是常数, 与补货量 Q 无关. 这样, 在进行库存成本分析时, 忽略该项费用可得单位时间的库存运作成本

$$\overline{C}(Q)=\frac{\lambda K}{Q}+\frac{Q}{2}h=\sqrt{2\lambda Kh}.$$

下面对单位时间库存运作成本中的两项费用分别进行分析.

由于补货启动费用与补货量无关, 所以随着补货量的增大, 补货的频率会下降. 从而单位时间的补货启动费用 $\dfrac{\lambda}{Q}K$ 随补货量 Q 的增长呈单调下凸式减少. 另一方面, 单位时间内的持货成本 $\dfrac{Q}{2}h$ 随补货量 Q 的增大呈线性增加. 巧合的是, 两条线的交点就是最优经济订单批量 Q^{EOQ}, 见图 2.1.3.

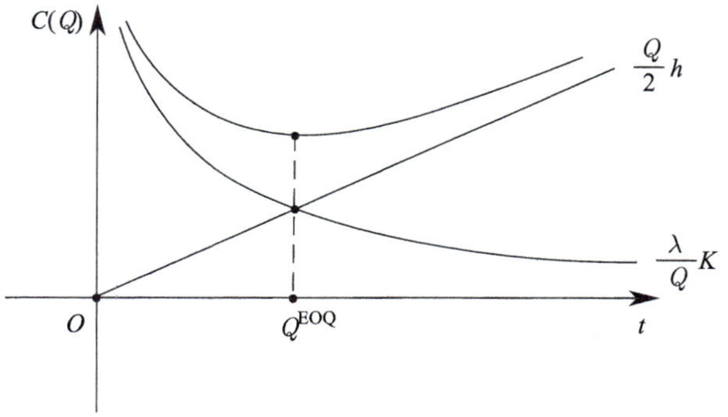

图 2.1.3 补货量对库存费用的影响

事实上, 将 $Q^{\mathrm{EOQ}}=\sqrt{\dfrac{2\lambda K}{h}}$ 分别代入 $\dfrac{\lambda K}{Q}$ 和 $\dfrac{Q}{2}h$ 得

$$\frac{\lambda K}{Q^{\mathrm{EOQ}}}=\frac{\lambda K}{\sqrt{\dfrac{2\lambda K}{h}}}=\sqrt{\frac{\lambda K h}{2}},\qquad \frac{Q^{\mathrm{EOQ}}}{2}h=\frac{\sqrt{\dfrac{2\lambda K}{h}}h}{2}=\sqrt{\frac{\lambda K h}{2}}.$$

这说明, 经济订单批量模型的最优订单批量恰好是单位时间的补货启动费用和单位时间的持货成本的等值点.

根据经济订单批量库存运作成本的计算公式, 我们有如下结论.

定理 2.1.1 对经济订单批量模型, 其单位时间内的库存运作成本 $\overline{C}(Q)=\dfrac{\lambda K}{Q}+\dfrac{Q}{2}h$ 关于 Q 为凸函数, 该函数在 $Q=Q^{\mathrm{EOQ}}$ 点取最小值. 具体地, 单位时间内的库存运作成本在 $(0,Q^{\mathrm{EOQ}}]$ 内关于 Q 单调递减, 在 $[Q^{\mathrm{EOQ}},\infty)$ 内关于 Q 单调递增.

考虑如下问题: 对某经济订单批量模型, 设 $Q_1<Q_2\leqslant Q^{\mathrm{EOQ}}=\sqrt{\dfrac{2\lambda K}{h}}$. 对该库存模型有两种补货决策: 一是在开始时段内, 零售商以补货量 Q_1 补货 1 次, 其后恢复经济订单批量模型; 二是在开始时段内, 零售商以补货量 Q_2 补货 1 次, 其后恢复经济订单批量模型. 见图 2.1.4. 下面考虑哪种补货策略的库存运作成本较低.

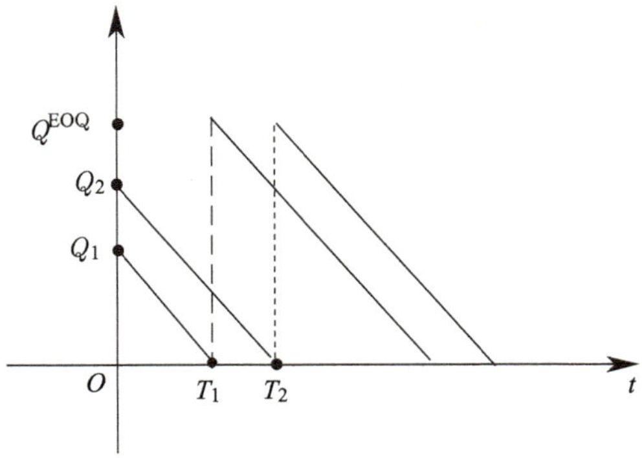

图 2.1.4 先期补货量小于 Q^{EOQ} 的库存系统

由于两种策略下补货量 Q_1 和 Q_2 的运行时间不同, 而且两种策略最后都归于经济订单批量模型, 为比较两种补货策略下的库存运作成本, 我们分别计算两

种补货策略在公共时段内的库存运作成本.

根据题设, 在第一种补货策略下, $\left[0, \frac{Q_1}{\lambda}\right]$ 时间段内的订单批量为 Q_1, 而其余时间内的补货量为经济订单批量; 在第二种补货策略下, $\left[0, \frac{Q_2}{\lambda}\right]$ 时间段内的订单批量为 Q_2, 而其余时间段内的补货量为经济订单批量. 据此, 我们考虑两种补货策略在公共时间段 $\left[0, \frac{Q_2}{\lambda}\right]$ 内的库存运作成本. 对第一种补货策略, $\left[0, \frac{Q_1}{\lambda}\right]$ 时间段内的库存运作成本为 $K + \frac{Q_1^2 h}{2\lambda}$. 根据经济订单批量模型的讨论, $\left[\frac{Q_1}{\lambda}, \frac{Q_2}{\lambda}\right]$ 时间段内的库存运作成本为 $\frac{Q_2 - Q_1}{\lambda}\sqrt{2\lambda h K}$. 这样, 两种补货策略下 $\left[0, \frac{Q_2}{\lambda}\right]$ 时间段内的库存运作成本分别为

$$f_1 = K + \frac{Q_1^2 h}{2\lambda} + \frac{Q_2 - Q_1}{\lambda}\sqrt{2\lambda h K}, \qquad f_2 = K + \frac{Q_2^2 h}{2\lambda}.$$

从而, 两种补货策略下的库存运作成本之差为

$$\begin{aligned} f_1 - f_2 &= \frac{Q_1^2 h}{2\lambda} + \sqrt{2\lambda h K}\frac{Q_2 - Q_1}{\lambda} - \frac{Q_2^2 h}{2\lambda} \\ &= \sqrt{2\lambda h K}\frac{Q_2 - Q_1}{\lambda} + \frac{h}{2\lambda}(Q_1^2 - Q_2^2) \\ &= \frac{h(Q_2 - Q_1)}{\lambda}\left(\sqrt{\frac{2\lambda K}{h}} - \frac{Q_2 + Q_1}{2}\right). \end{aligned}$$

由于$Q_1 < Q_2 \leqslant Q^{\text{EOQ}} = \sqrt{\frac{2\lambda K}{h}}$, 故 $\sqrt{\frac{2\lambda K}{h}} - \frac{Q_2 + Q_1}{2} \geqslant 0$. 从而 $f_1 > f_2$, 也就是第一种补货策略下的库存运作成本高于第二种补货策略下的库存运作成本. 这说明, 虽然补货量 Q_1 的运行时间小于补货量 Q_2 的运行时间, 但第一种补货策略下的库存成本仍高于第二种补货策略下的库存成本.

思考题 对某经济订单批量模型, 设 $Q_1 < Q^{\text{EOQ}} = \sqrt{\frac{2\lambda K}{h}} < Q_2$. 对该库存模型分别运行以下两种补货策略: 一是零售商以补货量 Q_1 运行一次, 而后转入经济订单批量模型; 二是零售商以补货量 Q_2 运行一次, 而后转入经济订单批量模型. 试讨论哪种补货策略下的库存运作成本较低.

例 2.1.1 根据生产需要, 某企业每年以 20 元/件的价格购入某零件 4000 件. 每次的补货启动费用为 40 元, 资金年利息率为 6%, 单位时间的储存费用按货物购货成本的 4% 计算. 求该库存系统的经济订货批量.

解 由题意得

$$c = 20\text{元/件}, \quad \lambda = 4000\text{件/年}, \quad K = 40\text{元/次}.$$

持货成本由两部分组成: 一是资金利息, 二是仓储费用. 从而

$$h = 20 \times 6\% + 20 \times 4\% = 2(\text{元/(年} \cdot \text{件)}).$$

由经济订货批量计算公式,

$$Q^{\text{EOQ}} = \sqrt{\frac{2\lambda K}{h}} = \sqrt{\frac{2 \times 4000 \times 40}{2}} = 400(\text{件}).$$

2.2 EOQ 模型的灵敏度分析

2.1 节给出了经济订单批量模型的最优补货决策. 下面分析补货量 Q、市场需求率 λ 对库存成本的影响.

1. 库存成本函数关于补货量 Q 的灵敏度分析

在现实生活中, 常由于客观原因, 经济订单批量模型提供的补货量无法实现. 对此, 零售商在补货时需对其进行调整. 现在的问题是: 如何进行调整? 此调整对库存成本会产生怎样的影响?

对补货量 Q 和经济订单批量 Q^{EOQ}, 利用 $Q^{\text{EOQ}} = \sqrt{\dfrac{2\lambda K}{h}}$, 可得它们在单位时间内的库存运作成本之比为

$$\varphi(Q) = \frac{\overline{C}(Q)}{\overline{C}(Q^{\text{EOQ}})} = \frac{\dfrac{\lambda K}{Q} + \dfrac{Qh}{2}}{\dfrac{\lambda K}{Q^{\text{EOQ}}} + \dfrac{Q^{\text{EOQ}}h}{2}}$$

$$= \frac{\dfrac{2\lambda K}{hQ} + Q}{\dfrac{2\lambda K}{hQ^{\text{EOQ}}} + Q^{\text{EOQ}}} = \frac{1}{2}\left(\frac{Q^{\text{EOQ}}}{Q} + \frac{Q}{Q^{\text{EOQ}}}\right). \tag{2.2.1}$$

容易看出, 函数 $\varphi(Q)$ 关于 Q 为凸函数, 且在 $Q = Q^{\text{EOQ}}$ 时取最小值, 而对任意的 $Q \neq Q^{\text{EOQ}}$, $\varphi(Q) > \varphi(Q^{\text{EOQ}}) = 1$.

根据式 (2.2.1), 如果给 Q^{EOQ} 一个大的扰动, 如取 $Q = 2Q^{\text{EOQ}}$ 或 $\dfrac{Q^{\text{EOQ}}}{2}$, 那么引起的库存运作成本的变化幅度为

$$\frac{\overline{C}(2Q^{\text{EOQ}})}{\overline{C}(Q^{\text{EOQ}})} = \frac{1}{2}\left(\frac{2Q^{\text{EOQ}}}{Q^{\text{EOQ}}} + \frac{Q^{\text{EOQ}}}{2Q^{\text{EOQ}}}\right) = 1.25.$$

如果补货量翻倍, 平均库存运作成本增加 25%, 这说明经济订单批量模型是稳健的, 在较强假设下得到的经济订单批量可作为实际补货时订单的重要参考值.

与该问题紧密相关的一个实际问题是, 若订单要求是整数订单批量, 而最优经济订单批量为非整数, 如 EOQ 的最优补货量是 50.5 包, 而供应商只销售整数包数量的货物, 如何补货? 考虑到 $\varphi(Q)$ 关于 Q 为凸函数, 且在 $Q=Q^{\mathrm{EOQ}}$ 时达到最小值, 所以此时的最优补货量为 $\lfloor Q^{\mathrm{EOQ}}\rfloor$ 和 $\lceil Q^{\mathrm{EOQ}}\rceil$ 之中的一个. 也就是, 我们只需将订单批量 $\lceil Q^{\mathrm{EOQ}}\rceil$ 和 $\lfloor Q^{\mathrm{EOQ}}\rfloor$ 所产生的单位时间的库存运作成本进行比较, 即得最优补货量.

2. 经济订单批量关于需求率 λ 的灵敏度分析

在经济订单批量模型中, 市场需求率是固定的. 而在现实中这是不可能的. 那么, 如果需求率发生变化, 它对经济订单批量会产生怎样的影响呢?

设市场需求率 λ 下的经济订单批量为 Q^{EOQ}. 那么, 当市场实际需求为 λ' 时, 对应的经济订单批量为 Q'. 根据经济订单批量计算公式

$$\frac{Q'}{Q^{\mathrm{EOQ}}}=\sqrt{\frac{\lambda'}{\lambda}}.$$

取 $\lambda'=2\lambda$, 则 $\dfrac{Q'}{Q^{\mathrm{EOQ}}}\approx 1.414$. 这说明, 在给市场需求率一个大的扰动时, 最优订单批量的变化相对较小.

下面看由此引起的库存运作成本的变化.

设实际市场需求率为 λ, 而预测市场需求率为 $\lambda(1+\varepsilon)$. 它们对应的经济订单批量分别为

$$Q=\sqrt{2\lambda K/h},\quad Q'=\sqrt{2\lambda(1+\varepsilon)K/h}.$$

利用经济订单批量模型单位时间库存运作成本的计算公式, 当市场实际需求率为 λ, 订单批量分别为 Q 和 Q' 时单位时间的库存运作成本之比为

$$\begin{aligned}\phi(\varepsilon)=\frac{\overline{C}(Q')}{\overline{C}(Q)}&=\frac{1}{2}\left(\frac{Q}{Q'}+\frac{Q'}{Q}\right)\\&=\frac{1}{2}\left(\frac{1}{\sqrt{1+\varepsilon}}+\sqrt{1+\varepsilon}\right).\end{aligned}$$

显然, 上式在 $\varepsilon=0$ 时取最小值 1. 也就是说, 当需求预测偏离实际需求时, 会导致库存成本上升, 见图 2.2.1. 由于在需求预测小于实际需求时, 成本上升更快一些, 因此, 对需求的不确定性, 发布需求大于实际需求的订单有利于降低库存成本. 当需求预测等于实际需求时, 偏差为零.

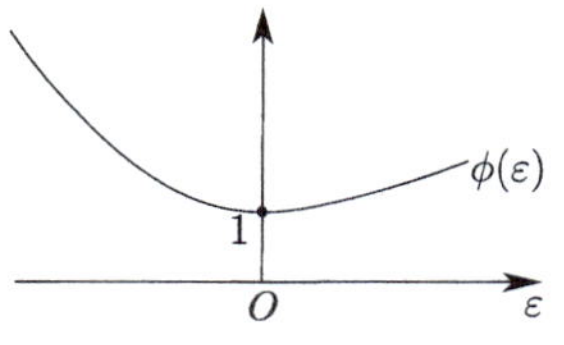

图 2.2.1 市场需求率对库存成本的影响

2.3　补货提前期的处理

经济订单批量模型基于无补货提前期这一理想假设. 可在现实生活中, 这种一发布订单就立即到货的情况是不存在的. 因为无论是从供应商处提货还是供应商准备货物都需要时间, 而且在很多情况下前置时间是无法缩短的.

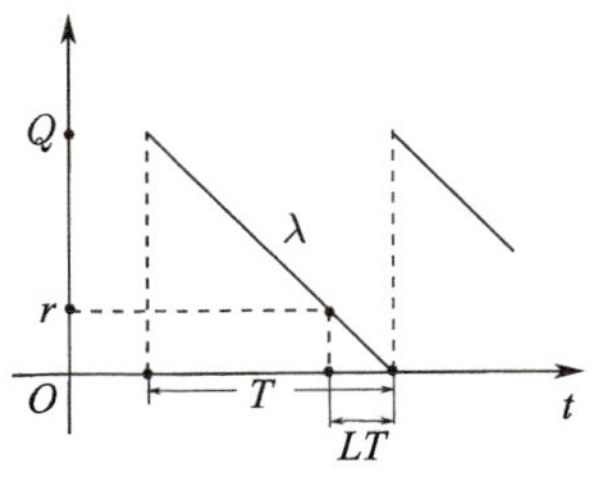

图 2.3.1　带补货提前期的库存系统

进行库存管理时, 缺货会产生缺货惩罚成本, 而把货物从一个补货周期延至下一个补货周期是不划算的. 所以, 一个比较自然的方法是设置一个补货点. 当剩余库存量下降到该补货点就实施补货, 而该补货点恰好满足补货提前期内的市场需求. 也就是说, 在剩余货物销售完毕时订单恰好到达. 据此, 可取补货点 (图 2.3.1)

$$r = LT \times \lambda.$$

下面考虑补货提前期大于补货周期的情况. 对此, 不妨设经济订单批量为 260, 而补货提前期内的市场需求为 300, 则补货点 $r = LT \times \lambda$ 的设置方式会出现缺货. 为保持库存系统的正常运转, 我们实施二次补货, 即在上一个订单还未到货的情况下发出第二个订单, 使在途库存和剩余库存能够满足补货提前期内的需求. 具体地, 利用

$$LT \times \lambda = 300$$

和在途库存 260 知, 在库存量降低到 40 时发出第二次补货请求. 这就是所谓的再补货点, 见图 2.3.2.

容易验证, 如果多个补货量才能满足补货提前期内的市场需求, 那么

$$再补货点 = 补货提前期内的需求量 - 补货量 \times k,$$

其中, k 为使得再补货点非负的最大值, 也就是最大的在途库存订单数. 见图 2.3.3.

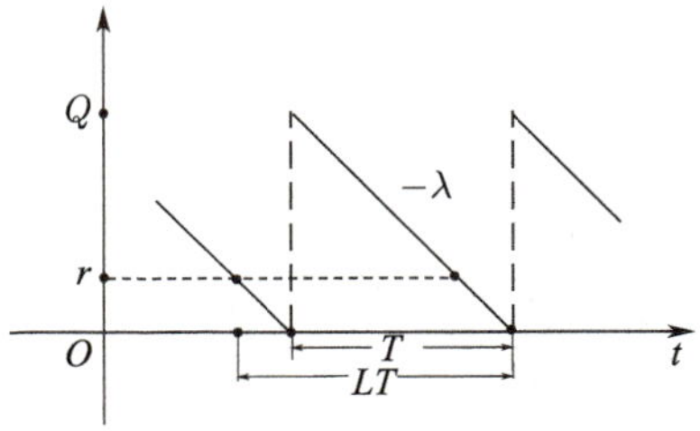

图 2.3.2　补货提前期大于补货周期的库存系统

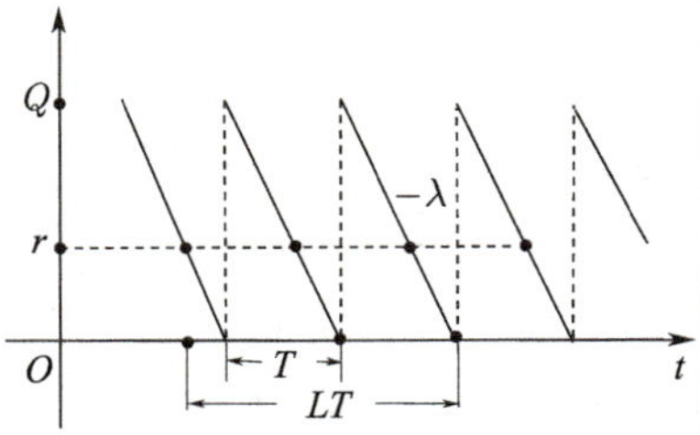

图 2.3.3　补货提前期大于多个补货周期的库存系统

由图 2.3.3 可知, 虽然补货提前期大于多个补货周期, 但每个补货周期只补货一次, 补货点为补货提前期内的需求量与补货提前期所有补货量的差.

2.4　带缺货回补的订单批量模型

经济订单批量模型不允许缺货. 但在现实生活中, 缺货时常发生. 对于缺货, 一般有两种处理方式: 缺货回补和缺货不补. 缺货回补是指商家缺货时, 顾客对某种品牌的商品具有某种青睐, 坐等商家补货之后再购买取货, 即所谓的交货延迟. 缺货不补是在商家缺货时客户的需求自然消失.

如前所述, 缺货会产生两种形式的缺货惩罚成本: 现时损失和潜在损失. 对于前述两种不同的缺货处理方式, 缺货不补会产生现时损失和潜在损失, 而缺货回补只会产生潜在损失. 本节考虑带缺货回补的经济订单批量模型.

对该库存系统, 其运行模式是: 商家进行一个订单量为 Q 的补货后, 随着库存系统的运行, 库存量逐渐降低. 但商家在库存量降低为零时并不立即进行补货, 而是先让缺货持续一段时间, 当最大缺货量到达 B 时再进行一个前置时间为零的补货. 等下一订单达到后, 滞留在系统内的市场需求 B 马上得到满足, 剩余的量 $Q-B$ 入库. 所以, 对该库存系统, 每个补货周期的初始库存量为 $Q-B$. 该系统的库存变化情况见图 2.4.1.

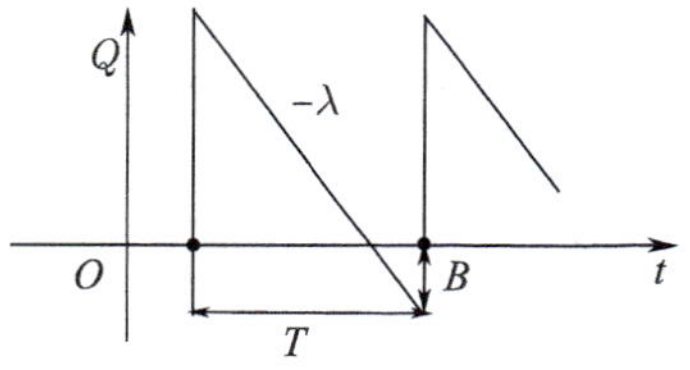

图 2.4.1　带缺货回补的库存系统

对带缺货回补的库存系统, 下面考虑最优的补货量 Q 和最大的缺货量 B, 使得单位时间内的库存费用最低. 为此, 先计算每个补货周期内的库存费用.

设补货周期为 T, 则该补货周期内的库存费用包括: 补货启动费用 K, 与补货量有关的补货可变费用 cQ, 持货成本和缺货惩罚成本.

对持货成本, 由于每周期的初始库存量为 $Q-B$, 根据 2.1 节的讨论, 每补货周期内的持货成本为

$$H=\frac{(Q-B)^2h}{2\lambda}.$$

对缺货惩罚成本, 如果缺货不补, 由于缺货需求在货物到达后得到满足, 因此缺货只会产生潜在损失. 该损失不但与缺货量有关, 而且与缺货需求在库存系统内的滞留时间有关. 为此, 设单位时间单位货物的缺货惩罚成本为 p. 与持货成本的讨论类似, 单位周期的缺货惩罚成本为

$$P=\frac{B^2p}{2\lambda}.$$

从而，该补货策略下单位时间的库存成本为

$$C(B,Q)=\frac{1}{T}\left(K+cQ+h\frac{(Q-B)^2}{2\lambda}+p\frac{B^2}{2\lambda}\right).$$

利用 $T=\dfrac{Q}{\lambda}$ 得

$$C(B,Q)=\frac{\lambda}{Q}K+c\lambda+h\frac{(Q-B)^2}{2Q}+p\frac{B^2}{2Q}.$$

从而，该库存决策问题可表述成如下优化模型:

$$\begin{aligned}\min\quad & C(B,Q)=\frac{\lambda}{Q}K+c\lambda+h\frac{(Q-B)^2}{2Q}+p\frac{B^2}{2Q}\\ \text{s.t.}\quad & Q>0, B\geqslant 0.\end{aligned}$$

这是一个带简单约束的二次规划问题. 对该问题，显然有

$$\min_{Q>0,B\geqslant 0}C(B,Q)=\min_{Q>0}\min_{B\geqslant 0}C(B,Q).$$

为求解该问题，我们先对固定的 Q，求解关于 B 的内层优化问题.

对固定的 $Q>0$，库存费用函数 $C(B,Q)$ 关于 B 为凸函数. 从而该函数关于 B 的导数零点

$$-h\frac{(Q-B)}{Q}+p\frac{B}{Q}=0$$

为其关于 B 的最小值点. 解之得

$$B=\frac{h}{h+p}Q.$$

这是最大缺货量 B 与最优订单批量 Q 之间的关系式.

这样，函数 $C(Q,B)$ 化为

$$\begin{aligned}C(Q)&=\frac{\lambda}{Q}K+c\lambda+\frac{hQ}{2}\left(\frac{p}{h+p}\right)^2+\frac{pQ}{2}\left(\frac{h}{h+p}\right)^2\\&=\frac{\lambda}{Q}K+c\lambda+\frac{hp}{2(h+p)}Q.\end{aligned}$$

从而，原优化问题化为

$$\begin{aligned}\min\quad & C(Q)=\frac{\lambda}{Q}K+c\lambda+\frac{hp}{2(h+p)}Q\\ \text{s.t.}\quad & Q>0.\end{aligned}$$

易验证, 该优化问题的目标函数 $C(Q)$ 关于 Q 为凸函数. 故其导数零点为该库存模型的最优订单批量, 即

$$Q^{\mathrm{BEOQ}}=\sqrt{\frac{2\lambda K(h+p)}{hp}}.$$

相应地,

$$B^{\mathrm{BEOQ}}=\sqrt{\frac{2\lambda hK}{p(h+p)}},\quad T^{\mathrm{BEOQ}}=\frac{Q^{\mathrm{BEOQ}}}{\lambda}=\sqrt{\frac{2K(h+p)}{\lambda hp}}.$$

下面对该模型的补货决策进行简单分析.

在该模型中, 缺货产生了缺货惩罚成本. 但由于订单到达后, 部分补货被库存系统中的等待需求满足, 货物的入库量降低, 从而分摊到单位货物上的持货成本降低. 也就是, 部分货物的持货成本转嫁到缺货惩罚成本. 这样, 在降低库存成本和提高缺货惩罚成本之间寻求平衡, 便得到该库存系统的最优补货量和最大缺货量. 相比不允许缺货的经济订单批量模型, 这里的补货量有所增加.

容易计算, 对该库存系统, 单位时间的库存运作成本为

$$\overline{C}(Q)=\overline{C}(Q^{\mathrm{BEOQ}})=\frac{\lambda}{Q}K+\frac{hp}{2(h+p)}Q=\sqrt{2\lambda hK\frac{p}{p+h}}.$$

显然, 该成本小于经济订单批量模式下的库存运作成本 $\sqrt{2\lambda hK}$.

例 2.4.1 某电子设备厂对一种元件的需求为每年 2000 件, 补货提前期为零. 补货启动费用为 25 元/次. 该元件的购货成本为 50 元/件, 年存储费为成本的 20%. 如发生供应短缺, 可在下次供货时补上, 但缺货损失为 30 元/(件 · 年). (1) 求经济订货批量及全年的总费用; (2) 求不允许发生供应短缺时的经济订货批量, 并与允许缺货时的库存费用进行比较.

解 由题设, $\lambda=2000$ 件/年, $K=25$ 元/次, $c=50$ 元/件, $h=50\times 20\%=10$ 元/(件 · 年), $p=30$ 元/(件 · 年).

如果允许缺货, 则最优补货量为

$$Q^{\mathrm{EOQ}}=\sqrt{\frac{2\lambda K(h+p)}{hp}}=\sqrt{\frac{2\times 2000\times 25(10+30)}{10\times 30}}\approx 115(\text{件/次}).$$

单位时间的库存运作成本为

$$\begin{aligned}\overline{C}(Q^{\mathrm{EOQ}})&=\sqrt{2\lambda hK\frac{p}{p+h}}=\sqrt{2\times 2000\times 10\times 25\times\frac{30}{30+10}}\\&=\sqrt{750000}\approx 866(\text{元}).\end{aligned}$$

如果不允许缺货, 最优补货量为

$$Q^{\mathrm{EOQ}}=\sqrt{\frac{2\lambda K}{h}}=\sqrt{\frac{2\times 2000\times 25}{10}}=100(\text{件/次}).$$

单位时间的库存运作成本为

$$\overline{C}(Q^{\mathrm{EOQ}})=\sqrt{2\lambda hK}=\sqrt{2\times 2000\times 10\times 25}=1000(\text{元}).$$

由此可以看出, 缺货回补策略比不允许缺货的经济订单批量策略节省库存成本.

例 2.4.2 某厂对某种材料的全年需求量为 1040 吨, 其单价为 1200 元/吨. 每次采购该种材料的补货启动费用为 2040 元, 每年保管费为 170 元/吨. 如果允许缺货, 且实行缺货回补, 则缺货损失为每年每吨 500 元. 试计算该库存系统的最优补货量、最大缺货量、每年的补货次数.

解 由题意, $\lambda=1040$ 吨/年, $h=170$ 元/(吨 · 年), $K=2040$ 元/次, $c=1200$ 元/吨, $p=500$ 元/(吨 · 年).

由允许缺货下的补货批量计算公式, 每次的最优补货量为

$$Q^{\mathrm{EOQ}}=\sqrt{\frac{2\times 1040\times 2040\times(170+500)}{170\times 500}}\approx 183(\text{吨}).$$

最大缺货量为

$$B=\frac{h}{h+p}Q=\frac{170\times 183}{170+500}\approx 46(\text{吨}).$$

每年的补货次数为

$$n=\frac{1040}{183}\approx 5.68(\text{次}).$$

2.5 带缺货不补的订单批量模型

带缺货不补的订单批量模型的运行模式是: 商家在每个运行周期的开始设置一个补货量为 Q 的补货. 随着库存系统的运行, 库存量逐渐降低. 在库存量降低为零时并不立时补货, 而是坐等缺货持续一段时间后再进行一个前置时间为零、补货量为 Q 的补货. 在缺货过程中, 市场需求立时消失. 因此, 当新订单到达后, 库存量为补货量 Q. 该库存系统的运行模式见图 2.5.1.

对该库存系统, 由于在缺货时段内的市场需求立马消失, 因此, 缺货惩罚成本包含两部分: 现时损失和潜在损失. 显然, 潜在损失与缺货量有关, 而与缺货时产生的需求在库存系统内的滞留时间无关. 为此, 记单位货物的潜在缺货惩罚成本为 p. 对现时损失, 它与货物销售时的毛利润有关. 为此, 我们记货物的进货价格

为 c, 单位货物的销售价格为 b. 显然, $b > c$. 为确定该库存系统的最优补货量 Q 和最大缺货量 B, 也就是补货周期 T 和最大缺货时间 T_s, 我们考虑零售商在补货周期内单位时间的库存收益.

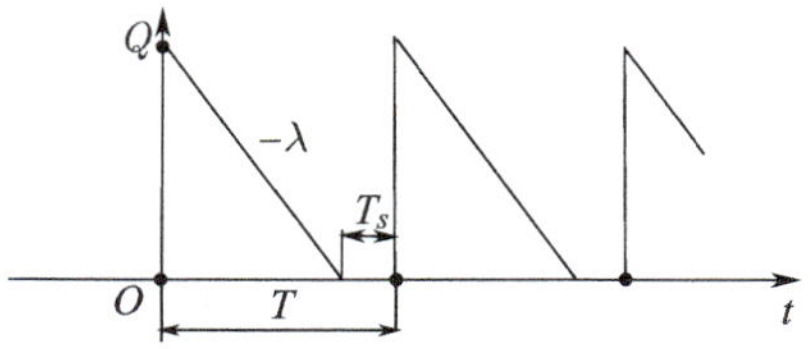

图 2.5.1　带缺货不补的库存系统

对该库存系统, 显然有

$$Q = \lambda(T - T_s), \quad B = \lambda T_s.$$

容易计算, 每个补货周期内的累计库存量为 $\dfrac{Q^2}{2\lambda}$. 从而, 该运行模式下单位时间的库存收益为

$$C(T, T_s) = \frac{1}{T}\left((b-c)Q - K - \frac{Q^2}{2\lambda}h - \lambda T_s p\right),$$

其中, 括号内的第一项为销售毛利润, 第二项为补货启动费用, 第三项为持货成本, 最后一项为缺货惩罚成本.

利用 $Q = \lambda(T - T_s)$ 得

$$C(T, T_s) = \frac{1}{T}\left((b-c)\lambda(T - T_s) - K - \frac{(T-T_s)^2}{2}\lambda h - \lambda T_s p\right).$$

下面确定 T, T_s 使零售商在单位时间内的库存收益最大化. 由此得到如下优化模型

$$\max_{T, T_s} C(T, T_s) = \frac{1}{T}\left((b-c)\lambda(T - T_s) - K - \frac{(T-T_s)^2}{2}\lambda h - \lambda T_s p\right).$$

类似地, 该优化问题等价于

$$\max_{T}\max_{T_s} C(T, T_s) = \frac{1}{T}\left((b-c)\lambda(T - T_s) - K - \frac{(T-T_s)^2}{2}\lambda h - \lambda T_s p\right).$$

对内层优化问题, 由于对任意的 $T > 0$, 上述函数关于 T_s 为凹函数, 故该函数关于 T_s 的导数零点为该函数关于 T_s 的最大值点, 即 T_s 满足

$$(T - T_s)\lambda h = \big(p + (b - c)\big)\lambda.$$

解之得

$$T - T_s = \frac{p + (b - c)}{h}.$$

将之代入库存收益函数 $C(T, T_s)$ 得

$$\begin{aligned}
C(T) &= \frac{1}{T}\left((b-c)\lambda(T - T_s) - K - \frac{(T - T_s)^2}{2}\lambda h - \lambda p T_s\right) \\
&= \frac{1}{T}\left(\frac{p + (b-c)}{h}(b-c)\lambda - K - \frac{\big(p + (b-c)\big)^2}{2h}\lambda - \lambda p T + \lambda p \frac{p + (b-c)}{h}\right) \\
&= \frac{1}{T}\left(\lambda \frac{\big(p + (b-c)\big)^2}{2h} - K\right) - \lambda p.
\end{aligned}$$

下面求该函数关于 $T > 0$ 的最大值点.

对上述函数, 如果 $K > \lambda \dfrac{\big(p + (b-c)\big)^2}{2h}$, 则对于任意的 $T > 0$, 上述函数的值为负, 也就是零售商无论如何补货都处于亏损状态. 这是不可能的. 故 K 应满足

$$K \leqslant \lambda \frac{(p + \tau)^2}{2h}.$$

此时, $T > 0$ 取值越小, 函数值越大. 利用 $T - T_s = \dfrac{p + (b-c)}{h} \geqslant 0$ 得 T 的最小值

$$T = \frac{p + (b - c)}{h}.$$

此时 $T_s = 0$. 这说明管理者应追求不缺货. 从而该模型归结为经济订单批量模型, 每次的补货量为 $Q^{\mathrm{EOQ}} = \sqrt{\dfrac{2\lambda K}{h}}$.

2.6　带部分缺货回补的订单批量模型

前面讨论了缺货不补和缺货回补策略下的补货决策. 实际上, 对于零售业而言, 缺货的处理方式并不是单一的. 因为一旦发生缺货, 就一定会有客户选择缺货不补, 也一定有客户选择缺货回补. 这就引出了带部分缺货回补的库存系统. 该策略下的库存运行模式见图 2.6.1.

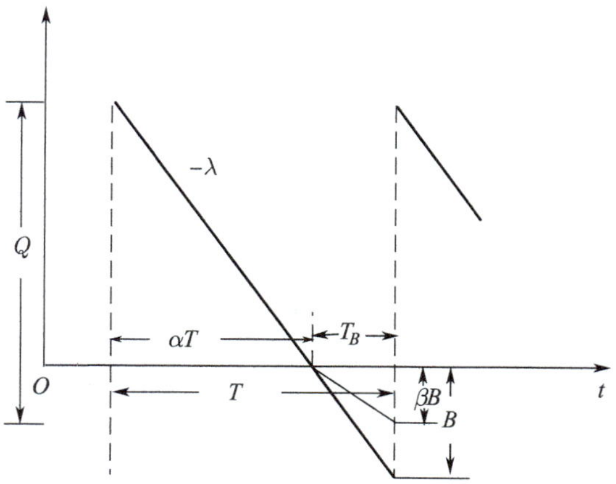

图 2.6.1 带部分缺货回补的库存系统

与缺货回补库存系统的讨论类似, 库存管理者需要确定允许缺货时的最大缺货量和每次的补货批量. 为便于讨论, 我们给出如下记号.

c 零售商的购货成本价;

b 货物的零售价;

Q 补货量;

B 最大缺货量;

T 运行周期;

p_1 单位时间单位物品的缺货回补惩罚成本;

p_2 单位物品的缺货不补潜在惩罚成本;

T_B 补货周期内的最大缺货时间;

β 缺货回补比例;

α 单位周期内的不缺货时间比例.

其中, Q, B, T, T_B, α 是决策变量. 这些量之间满足 $\alpha = 1 - \dfrac{T_B}{T}$,

$$Q = \lambda\big(\alpha T + \beta(1-\alpha)T\big) = \lambda\big(\alpha + \beta(1-\alpha)\big)T, \qquad B = \lambda(1-\alpha)T.$$

这样, 对该库存系统, 只要能确定补货周期 T 和参数 α, 就可确定该策略下的最优补货量 Q 和最大缺货量 B, 补货策略自然也就确定了.

为此, 我们考虑单位周期内的库存收益

$$\begin{aligned} F(T,\alpha) = {} & (b-c)\big(\alpha + \beta(1-\alpha)\big)\lambda T - K - \frac{h\lambda T^2\alpha^2}{2} \\ & - \frac{\beta p_1 \lambda T^2 (1-\alpha)^2}{2} - p_2(1-\beta)(1-\alpha)\lambda T, \end{aligned}$$

其中, 第一项为零售商的销售毛利润, 第二项为补货启动费用, 第三项为持货成本, 第四项为实施缺货回补的需求量的缺货惩罚成本, 第五项为实施缺货不补的需求量的缺货惩罚成本.

从而单位时间内的库存收益为

$$(T,\alpha)=(b-c)\big(\alpha+\beta(1-\alpha)\big)\lambda-\frac{K}{T}-\frac{h\lambda T\alpha^2}{2}-\frac{\beta p_1\lambda T(1-\alpha)^2}{2}-p_2(1-\beta)(1-\alpha)\lambda.$$

利用 $\alpha+\beta(1-\alpha)=1-(1-\beta)(1-\alpha)$ 得

$$f(T,\alpha)=-\frac{h\lambda T\alpha^2}{2}-\frac{\beta p_1\lambda T(1-\alpha)^2}{2}+(b-c)\lambda-(p_2+b-c)(1-\beta)(1-\alpha)\lambda-\frac{K}{T}.$$

这样, 该策略下的库存决策问题可化成如下优化模型

$$\max_{T>0,\alpha\geqslant 0} f(T,\alpha),$$

它显然等价于

$$\max_{T>0}\max_{\alpha\geqslant 0} f(T,\alpha).$$

对内层优化问题, 由于对于任意的 $T>0$, 目标函数关于 α 为凹函数, 故其关于 α 的最大值点为导数零点. 从而由

$$f'_\alpha(T,\alpha)=-h\lambda T\alpha+\beta p_1\lambda T-\beta p_1\lambda T\alpha+(p_2+b-c)(1-\beta)\lambda=0$$

得

$$\alpha=\frac{\beta p_1T+(p_2+b-c)(1-\beta)}{(h+\beta p_1)T},\quad 1-\alpha=\frac{hT-(p_2+b-c)(1-\beta)}{(h+\beta p_1)T}.$$

记 $a=(p_2+b-c)(1-\beta)$. 则将上式代入 $f(T,\alpha)$ 并整理得

$$\begin{aligned}f(T)&=-\frac{h\lambda T\alpha^2}{2}-\frac{\beta p_1\lambda T(1-\alpha)^2}{2}+(b-c)\lambda-(p_2+b-c)(1-\beta)(1-\alpha)\lambda-\frac{K}{T}\\&=-\frac{h\lambda\big(\beta p_1T+(p_2+b-c)(1-\beta)\big)^2+\beta p_1\lambda\big(hT-(p_2+b-c)(1-\beta)\big)^2}{2(h+\beta p_1)^2T}\\&\quad+(b-c)\lambda-(p_2+b-c)(1-\beta)\left(\frac{hT-(p_2+b-c)(1-\beta)}{(h+\beta p_1)T}\right)\lambda-\frac{K}{T}\\&=-\frac{h\lambda\beta p_1}{2(h+\beta p_1)}T-\frac{2(h+\beta p_1)K-\lambda a^2}{2(h+\beta p_1)T}-\frac{ah\lambda}{h+\beta p_1}+(b-c)\lambda.\end{aligned}$$

若该函数关于 T 的二阶导数 $2(h+\beta p_1)K-\lambda a^2<0$, 则上述函数关于 T 为凸函数. 从而该函数的最大值点为 $T=0,\infty$, 无意义. 这说明, 要使该库存系统正常运行, 缺货回补比例 β 应满足

$$2(h+\beta p_1)K-\lambda a^2\geqslant 0,$$

即

$$\sqrt{\frac{2(h+\beta p_1)K}{\lambda}}\geqslant (p_2+b-c)(1-\beta).$$

整理得

$$\beta\geqslant 1-\frac{1}{p_2+b-c}\sqrt{\frac{2Kh}{\lambda}+\frac{2K\beta p_1}{\lambda}}. \tag{2.6.1}$$

这是库存系统执行缺货回补的必要条件.

根据前面的分析, 要使该库存系统正常运行, 需满足 $2(h+\beta p_1)K-\lambda a^2\geqslant 0$, 收益函数 $f(T)$ 关于 T 为凹函数. 求其导数零点得该函数关于 T 的最大值点

$$T=\sqrt{\frac{2K}{\lambda h}\cdot\frac{h+\beta p_1}{\beta p_1}-\frac{(p_2+b-c)^2(1-\beta)^2}{h\beta p_1}}.$$

结合 $\alpha=\dfrac{\beta p_1 T+(p_2+b-c)(1-\beta)}{(h+\beta p_1)T}$ 和缺货回补比例 β 得最优补货量

$$Q=[\alpha+\beta(1-\alpha)]\lambda T$$

和最长缺货时间

$$T_B=(1-\alpha)T=(1-\alpha)\sqrt{\frac{2K}{\lambda h}\cdot\frac{h+\beta p_1}{\beta p_1}-\frac{(p_2+b-c)^2(1-\beta)^2}{h\beta p_1}}.$$

同时, 根据带缺货回补的订单批量模型的讨论, 对于部分缺货回补系统, 其运行周期应满足

$$T=\sqrt{\frac{2K}{\lambda h}\cdot\frac{h+\beta p_1}{\beta p_1}-\frac{(p_2+b-c)^2(1-\beta)^2}{h\beta p_1}}\geqslant T^{\mathrm{EOQ}}=\sqrt{\frac{2K}{\lambda h}}.$$

整理得

$$\beta\geqslant 1-\frac{1}{p_2+b-c}\sqrt{\frac{2Kh}{\lambda}}.$$

这是执行部分缺货回补的又一必要条件.

结合条件 (2.6.1), 得部分缺货回补系统运行的必要条件

$$\beta \geqslant \beta_0 = \max\left\{1 - \frac{1}{p_2 + b - c}\sqrt{\frac{2Kh}{\lambda} + \frac{2K\beta p_1}{\lambda}}, 1 - \frac{1}{p_2 + b - c}\sqrt{\frac{2Kh}{\lambda}}\right\}$$
$$= 1 - \frac{1}{p_2 + b - c}\sqrt{\frac{2Kh}{\lambda}}.$$

这说明, 当缺货回补比例 $\beta \geqslant \beta_0$ 时, 执行部分缺货回补, 而当缺货回补比例过低, 即当 $\beta < \beta_0$ 时, 执行经济订单批量模型.

2.7 持续补货的生产批量模型

考虑边生产边消耗的生产批量模型. 该模型的运行模式如下: 生产商边生产或边销售, 其中, 物品的生产率 μ 大于市场需求率 λ. 这样, 新生产的产品在满足市场需求的同时, 并以 $\mu - \lambda$ 的速度储存起来. 当库存量增加到一定程度, 如库存量达到 Q_0 时, 考虑到持货成本, 就停止生产. 然后坐等库存量降低为零时再开工生产. 这样循环进行. 这就是持续补货的生产批量模型, 其运行模式见图 2.7.1.

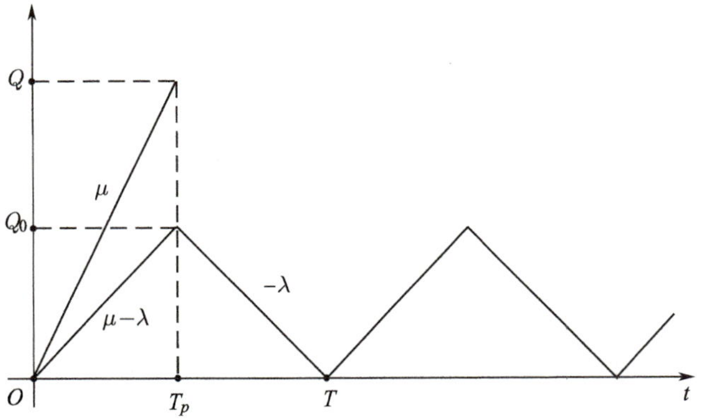

图 2.7.1 生产批量订单模型

对该库存模型, 设市场需求率为 λ, 产品的生产率为 μ, 企业的生产启动费用为 K. 并设生产批量为 Q, 生产周期为 T_p, 补货周期为 T, 生产结束时的剩余库存量为 Q_0. 由图 2.7.1, 这些量之间满足

$$T = \frac{Q}{\lambda}, \quad T_p = \frac{Q}{\mu}, \quad T - T_p = \frac{Q_0}{\lambda} = \frac{Q(\mu - \lambda)}{\lambda\mu}. \tag{2.7.1}$$

对该生产批量系统, 由于不允许缺货, 生产提前期为零, 企业需确定从开工生产到生产结束时的生产周期 T_p, 以保证单位时间的库存成本最低. 为此, 我们计

算该库存系统在单位运行周期内的库存运作成本

$$C(T) = K + \frac{1}{2}T_p^2(\mu - \lambda)h + \frac{1}{2}(T - T_p)^2\lambda h,$$

其中, 第一项为生产企业费用, 第二项为生产周期内的持货成本, 第三项为补货周期内非生产时段内的持货成本. 从而, 补货周期内单位时间的库存运作成本为

$$c(T) = \frac{K}{T} + \frac{1}{2T}T_p^2(\mu - \lambda)h + \frac{1}{2T}(T - T_p)^2\lambda h.$$

由 (2.7.1), 上述函数可化成关于生产批量 Q 的函数

$$\begin{aligned} c(Q) &= \frac{K}{T} + \frac{1}{2T}T_p^2(\mu - \lambda)h + \frac{1}{2T}(T - T_p)^2\lambda h \\ &= \frac{\lambda K}{Q} + \frac{\lambda}{2Q}\left(\frac{Q}{\mu}\right)^2(\mu - \lambda)h + \frac{\lambda}{2Q}\left(\frac{Q(\mu - \lambda)}{\lambda\mu}\right)^2\lambda h \\ &= \frac{\lambda K}{Q} + \frac{\lambda Q}{2\mu^2}(\mu - \lambda)h + \frac{Q(\mu - \lambda)^2}{2\mu^2}h \\ &= \frac{\lambda K}{Q} + \frac{hQ(\mu - \lambda)}{2\mu}. \end{aligned}$$

这样, 生产批量模型化为如下优化问题

$$\min c(Q) = \frac{\lambda K}{Q} + \frac{hQ(\mu - \lambda)}{2\mu}.$$

显然, 目标函数关于 Q 为凸函数, 其导数零点为目标函数的最小值点

$$Q = \sqrt{\frac{2\lambda\mu K}{h(\mu - \lambda)}}.$$

由此得经济生产批量模型的生产周期和补货时间间隔

$$T_p = \frac{Q}{\mu} = \sqrt{\frac{2\lambda K}{\mu h(\mu - \lambda)}}, \quad T = \frac{Q}{\lambda} = \sqrt{\frac{2\mu K}{\lambda h(\mu - \lambda)}}.$$

2.8 异地生产的生产批量模型

考虑如下生产批量模型: 生产企业生产某种物品, 并在产品数量达到一定数量时, 停止生产并打包立时运抵异地的零售商进行销售. 而在零售商的剩余库存

量降低到一定程度时再开工生产, 并在零售商的剩余库存量为零时停止生产, 且将生产出的物品立时运抵零售商. 其运行模式见图 2.8.1.

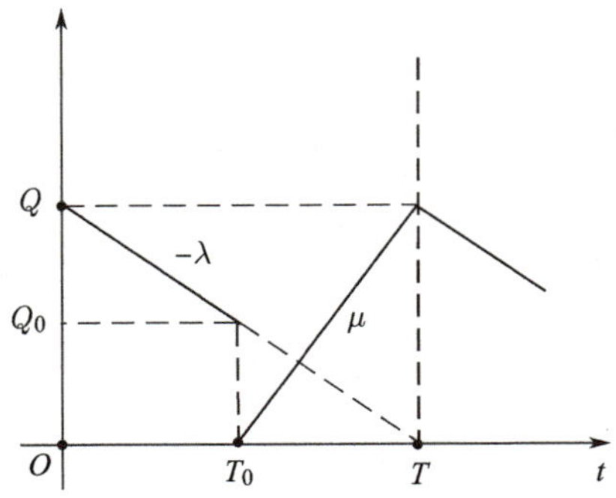

图 2.8.1　异地生产的生产批量模型

对该库存系统, 设产品的生产率 μ 大于市场需求率 λ, 并假设不允许缺货, 库存系统运行时间无限长, 生产提前期为零. 企业生产出的产品在生产企业产生同样的持货成本.

根据模型假设, 为使生产企业和零售企业的库存成本最低, 企业需确定开工时间和每次生产时的生产量. 为此, 记结束生产到再次开工生产结束的时间间隔, 即补货周期为 T, 从结束生产到再次开工生产的时间间隔为 T_0, 每次的生产批量为 Q. 据此, 每次的生产时间为 $T-T_0$. 它们之间满足 $T-T_0=\dfrac{Q}{\mu}$.

对本生产库存系统, 我们需确定开工时间 T_0, 生产批量, 也就是每次的订单批量 Q, 使得单位时间的库存成本最低.

容易计算, 每补货周期内的库存运作成本为

$$C(Q)=K+\frac{1}{2}hQT+\frac{1}{2}h(T-T_0)Q,$$

其中, 第一项为生产启动费用, 第二项为新生产的物品运抵零售商后产生的持货成本, 第三项为新生产的物品在生产车间产生的持货成本.

从而单位时间内的库存运作成本为

$$\begin{aligned}C(Q)=&\ \frac{1}{T}\left(K+\frac{1}{2}hQT+\frac{1}{2}h(T-T_0)Q\right)\\=&\ \frac{K}{T}+\frac{1}{2}hQ+\frac{1}{2T}h(T-T_0)Q.\end{aligned}$$

由 $T-T_0=\dfrac{Q}{\mu}$ 和 $T=\dfrac{Q}{\lambda}$ 得

$$C(Q)=\frac{\lambda K}{Q}+\frac{1}{2}hQ+\frac{\lambda}{2\mu}hQ=\frac{\lambda K}{Q}+\frac{\mu+\lambda}{2\mu}hQ.$$

显然，该函数关于 Q 为凸函数，故最优生产批量为该函数的导数零点

$$Q=\sqrt{\frac{2\lambda\mu K}{(\mu+\lambda)h}}.$$

再利用 $\frac{Q}{\mu}=\frac{Q_0}{\lambda}$ 得补货点

$$Q_0=\frac{\lambda}{\mu}Q=\lambda\sqrt{\frac{2\lambda K}{\mu(\mu+\lambda)h}},\quad T_0=\frac{Q}{\mu}=\sqrt{\frac{2\lambda K}{\mu(\mu+\lambda)h}}.$$

2.9 带残次品的订单批量模型

前面讨论的库存模型都假定库存系统中的产品是完好无缺的. 但在实际中，不但所补的货物会有残次品，而且很多时候补货的合格率是无法预测的. 这就引出了含残次品的订单批量模型.

对带残次品的库存问题，有三项事宜需要确定：产品的不合格率、残次品的检验环节和残次品的处理. 对此，我们假定货物的次品率是确定的，设为 δ，也就是合格率为 $\alpha=1-\delta$ 并假定残次品在产品的订购或零售环节被验出. 对残次品，零售商可能为残次品付款也可能不为残次品付款. 若零售商为残次品付款，则供应商有可能为残次品退款也可能不退款. 下面我们分情况讨论.

1. 订单处理过程中验出残次品，且零售商不支付残次品货款

该情形下，零售商在收到货物时立即检验，一旦发现残次品立即退还供应商，零售商无须为残次品支付货款. 对该库存系统，合格品的经济订单批量为 $\overline{Q}^{\text{EOQ}}=\sqrt{\frac{2\lambda K}{h}}$，实际补货量为 $Q^{\text{EOQ}}=\overline{Q}^{\text{EOQ}}/\alpha$.

2. 订单处理过程中验出残次品，零售商支付残次品货款且不退还

该情况比较复杂. 我们对持货成本做一注解.

根据第 1 章的讨论，持货成本包括资金占用成本和库存运作成本，即

$$h=h_1+h_2,$$

其中，h_1 为单位物品单位时间的机会成本，h_2 为单位物品单位时间的库存运作成本. 显然，物品的资金占用成本与物品的购货成本价有关. 不失一般性，设它们之间满足 $h_1=\tau c$，其中 c 为货物的成本价.

根据残次品的检验过程和货款处理方式, 合格品的购货价格由 c 上涨为 c/α. 这样, 单位时间单位合格品货物的机会成本由原来的 τc 上升为 $\tau c/\alpha$. 另一方面, 对货物的购货单价 c, 单位时间单位合格品的库存运作成本仍为 h_2. 这样, 单位货物单位时间的持货成本为 $h=\tau c/\alpha+h_2$. 根据经济订单批量计算公式, 合格品的订购量为

$$\overline{Q}^{\text{EOQ}}=\sqrt{\frac{2\lambda K}{h}}=\sqrt{\frac{2\lambda K}{\tau c/\alpha+h_2}}.$$

考虑到不合格品, 得物品的实际订购量为 $Q^{\text{EOQ}}=\overline{Q}^{\text{EOQ}}/\alpha$.

3. 零售过程中发现残次品, 零售商支付残次品货款且不退还

对市场需求率 λ, 由于残次品的存在, 库存的变化率为 λ/α, 其余量不变. 根据经济订单批量计算公式, 物品的订单批量为

$$Q^{\text{EOQ}}=\sqrt{\frac{2\lambda K/\alpha}{h}}.$$

其中, 合格品数量为

$$\alpha Q^{\text{EOQ}}=\alpha\sqrt{\frac{2\lambda K/\alpha}{h}}=\sqrt{\frac{2\lambda K\alpha}{h}}.$$

4. 零售过程中发现残次品, 供应商返还残次品货款

该情形下, 所有的库存费用与上面第三种情况一样, 只是零售商在周期结束后增加残次品退款 $c\delta Q$.

总之, 上述四种情况都可通过参数调整化为 EOQ 模型. 这些调整和影响依赖于产品的检验时间和残次品的购货资金是否返还. 除第一种情形外, 残次品都导致库存成本的增加.

2.10 易变质物品的订单批量模型

在实际中, 有些物品在储存过程中会发生变质, 如蔬菜、水果、药品和某些挥发性化学品等. 本节讨论易变质物品的订单批量模型.

首先考虑带保质期的经济订单批量模型, 即假设物品在保质期内是完好的, 而过了保质期就完全变质.

对于带保质期的情形, 可在 EOQ 模型中增加时间限制, 即给库存运行周期加上一个时间上限 $\overline{T}$, 让物品在保质期内销售完. 从而得到如下库存优化模型:

$$\begin{aligned}\min\quad & C(Q)=\frac{\lambda K}{Q}+\lambda c+\frac{1}{2}Qh\\ \text{s.t.}\quad & Q\leqslant\lambda\overline{T}.\end{aligned}$$

由于目标函数关于 Q 为凸函数, 所以该模型的最优解, 也就是零售商的最优补货量为

$$Q=\min\left\{\sqrt{\frac{2\lambda K}{h}},\lambda\overline{T}\right\}.$$

下面考虑易变质物品的库存模型. 不失一般性, 设物品入库后即按一定的比例发生变质, 即变质率固定, 并设变质物品变质后立即被发现并被抛掉.

记 $Q(t)$ 为 t 时刻的库存量, δ 为物品在单位时间内的变质率. 这样, 库存物品在时刻 t 以 $\delta Q(t)$ 的速度变质. 类似于 EOQ 模型的讨论, 设每次的订购量为 Q, 且在库存量降为零时再次即速补货.

在每一补货周期, 考虑到市场需求, 则库存的变化率为

$$Q'(t)=-\delta Q(t)-\lambda.$$

显然, 函数 $Q(t)$ 满足

$$Q(0)=Q,\qquad Q(T)=0.$$

这是一个可分离的线性微分方程, 因为它可以写成

$$\frac{\mathrm{d}Q}{\mathrm{d}t}=-\delta Q-\lambda,$$

即

$$\frac{\mathrm{d}Q}{\delta Q+\lambda}=-\,\mathrm{d}t.$$

两边关于变量 Q,t 分别积分得

$$\frac{1}{\delta}\ln(\delta Q(t)+\lambda)=-t+C.$$

利用初始条件 $Q(0)=Q$ 得

$$C=\frac{1}{\delta}\ln(\delta Q+\lambda).$$

从而,

$$Q(t)=\mathrm{e}^{-\delta t}(Q+\lambda/\delta)-\lambda/\delta.$$

利用初始条件 $Q(T)=0$ 得

$$Q=\lambda/\delta(\mathrm{e}^{\delta T}-1).$$

这样,

$$Q(t)=\lambda/\delta(\mathrm{e}^{-\delta(t-T)}-1).$$

显然, 该补货周期的持货成本为

$$H = \int_0^T hQ(t)\,\mathrm{d}t = h\lambda/\delta^2(\mathrm{e}^{\delta T} - \delta T - 1).$$

综上, 补货周期内单位时间的库存成本为

$$\begin{aligned} C(T) &= \frac{1}{T}(K + cQ) + H/T \\ &= \frac{K + c(\lambda/\delta)(\mathrm{e}^{\delta T} - 1)}{T} + \frac{h\lambda/\delta(\mathrm{e}^{\delta T} - \delta T - 1)}{\delta T}. \end{aligned}$$

该补货决策下的优化模型为

$$\min_{T \geqslant 0} C(T).$$

对上述优化问题, 无法像前面讨论的模型一样求得其解析解. 一般要借助数值优化方法求解, 而且很难得到全局最优解.

需要说明的是, 对该库存系统, 上述讨论只考虑了库存成本, 而没有考虑因物品变质给商家带来的效益损失. 若将这些考虑进去, 则需要建立更复杂的优化模型.

第 3 章　带价格折扣的订单批量模型

价格折扣可以刺激零售商加大补货量，从而减少供应商的订单处理费用，降低供应商的货物存储费用．价格折扣多种多样：根据折扣次数分为周期性价格折扣和一次性价格折扣；根据折扣时限分为瞬时价格折扣和短时价格折扣；根据折扣的确定性分为确定型价格折扣和随机型价格折扣；根据折扣方式分为全量价格折扣和增量价格折扣．本章主要讨论带价格折扣的订单批量模型的补货决策问题．

3.1　带全量价格折扣的订单批量模型

全量价格折扣是指补货量达到一定数量时对所购买的物品全部实行价格折扣．具体地，设正数列 $\{q_i\}$, $\{c_i\}$ 满足

$$q_1 < q_2 < \cdots < q_k < \infty, \qquad c_1 > c_2 > \cdots > c_k > c_{k+1}.$$

全量价格折扣是指补货价格和补货量之间满足

$$c(Q) = \begin{cases} c_1, & 0 \leqslant Q < q_1, \\ c_2, & q_1 \leqslant Q < q_2, \\ & \cdots\cdots \\ c_k, & q_{k-1} \leqslant Q < q_k, \\ c_{k+1}, & Q \geqslant q_k. \end{cases}$$

为便于讨论，设持货成本主要由资金占用成本确定，即单位时间单位物品的持货成本为补货单价的线性函数，即对应不同的补货单价 c_i，单位时间单位货物的持货成本 $h = \tau c_i$，其中 $\tau > 0$ 为一常数．

这样，带全量价格折扣的经济订单批量模型，对补货价格 c_i 和补货量 Q，周期内的库存成本为

$$C_i(T, Q) = K + c_i Q + \frac{Q^2}{2\lambda} h = K + c_i Q + \frac{Q^2}{2\lambda} \tau c_i,$$

相应地，单位时间的库存成本为

$$C_i(Q) = \frac{\lambda K}{Q} + c_i \lambda + \frac{Q}{2} \tau c_i. \tag{3.1.1}$$

对固定的补货价格 c_i, 上述费用函数关于订单批量 Q 为凸函数. 依据经济订单批量计算公式, 其最优订单批量为

$$Q_i^{\mathrm{EOQ}} = \sqrt{\frac{2\lambda K}{\tau c_i}}.$$

由于该订单批量是基于补货价格 c_i 给出的, 因此, 要使该订单批量有意义, 需满足 $Q_i^{\mathrm{EOQ}} \in [q_{i-1}, q_i)$. 在此, 我们称满足该条件的 Q_i^{EOQ} 为有效经济订单批量. 下面的结论给出了有效经济订单批量的存在性.

引理 3.1.1 对带全量价格折扣的经济订单模型, 有效经济订单批量一定存在, 即存在 $1 \leqslant i \leqslant k+1$, 使得 Q_i^{EOQ} 为有效经济订单批量.

证明 用递推法证明.

首先, 若 $Q_1^{\mathrm{EOQ}} \in [0, q_1)$, 结论得证. 否则, $Q_1^{\mathrm{EOQ}} \in [q_1, \infty)$.

其次, 由于 $Q_2^{\mathrm{EOQ}} > Q_1^{\mathrm{EOQ}}$, 故 $Q_2^{\mathrm{EOQ}} \in [q_1, \infty)$. 若 $Q_2^{\mathrm{EOQ}} \in [q_1, q_2)$, 结论得证. 否则, $Q_2^{\mathrm{EOQ}} \in [q_2, \infty)$. 以此类推, 若对 $i = 3, 4, \cdots, k$, Q_i^{EOQ} 都不是有效订单批量, 即

$$Q_i^{\mathrm{EOQ}} \notin [q_{i-1}, q_i), \quad i = 3, 4, \cdots, k,$$

则由 Q_i^{EOQ} 关于 i 的单调递增性, $Q_{k+1}^{\mathrm{EOQ}} \in [q_k, \infty)$. 而由 $Q_{k+1}^{\mathrm{EOQ}} > Q_k^{\mathrm{EOQ}}$ 知, $Q_{k+1}^{\mathrm{EOQ}} \in [q_k, \infty)$. 这样, Q_{k+1}^{EOQ} 为有效经济订单批量. 证毕

为确定该系统的最优补货批量, 我们考虑不同补货价格下的最优订单批量 Q_i^{EOQ} 及其对应补货周期内单位时间的库存成本 $C_i(Q)$ 关于 i 的变化情况. 根据 Q_i^{EOQ} 的计算公式, 它关于 i 单调递增. 根据 (3.1.1), 单位时间的库存成本 $C_i(Q)$ 关于 i 单调递减. 这样, 库存成本函数 $C_i(Q)$ 的图像在函数 $C_{i+1}(Q)$ 图像的上方, 而该函数的最小值点关于 i 单调递增.

再根据

$$C_i'(Q) = -\frac{\lambda K}{Q^2} + \frac{\tau}{2} c_i$$

知, 库存成本函数 $C_i(Q)$ 图像的坡度关于 i 越来越缓. 这样, 全量价格折扣经济订单批量模型就是求图 3.1.1 中标出的分片函数关于 Q 的最小值点.

为简单起见, 记该分片函数为 $\bar{C}(Q)$.

根据引理 3.1.1 和 $C_i(Q)$ 关于 i 的单调性, 若 $Q_{i_0}^{\mathrm{EOQ}}$ 为最大的有效经济订单, 则 $Q_{i_0}^{\mathrm{EOQ}}$ 为分片函数 $\bar{C}(Q)$ 在区间段 $(0, q_{i_0})$ 内的最小值点. 而对区间段 $[q_{i_0}, \infty)$, 由引理 3.1.1 的证明过程, 对任意的 $i > i_0$, $Q_i^{\mathrm{EOQ}} < q_i$, 也就是说, $\bar{C}(Q)$ 关于 $Q \in (q_{i-1}, q_i)$ 单调递增. 故 $\bar{C}(Q)$ 在区间 $[q_{i-1}, q_i]$ 内的最小值点为 q_{i-1}. 综合上述讨论, 得带全量价格折扣的库存系统的最优补货决策方法.

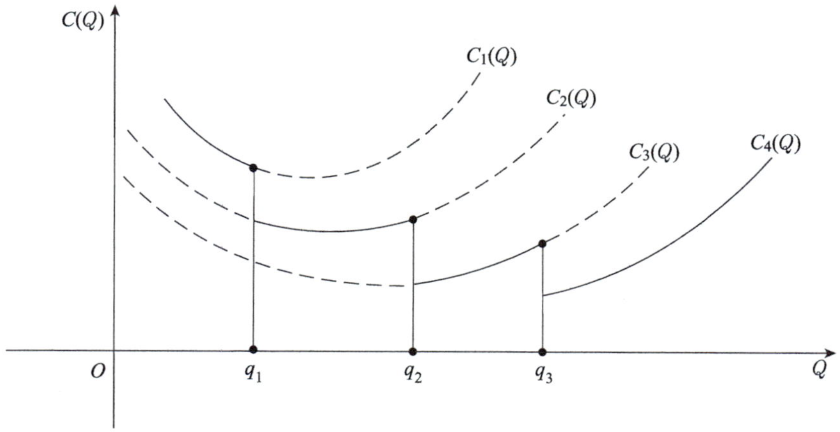

图 3.1.1　带全量价格折扣的订单批量模型

算法 3.1.1

步 1. 对 $i=1,2,\cdots,k+1$, 计算 Q_i^{EOQ};

步 2. 对 $i=1,2,\cdots,k+1$, 找出有效的补货经济订单批量, 即在所有的补货量 Q_i^{EOQ} 中找出满足 $q_{i-1}\leqslant Q_i^{\mathrm{EOQ}}<q_i$ 的订单批量;

步 3. 在所有的有效经济订单批量 Q_i^{EOQ} 中, 取最大者 Q_{i_0} 作为最优经济订单批量的候选, 设其所在的区间段为 $[q_{i_0-1},q_{i_0})$;

步 4. 在 $C_{i_0}(Q_{i_0})$, $C_{i_0+1}(q_{i_0})$, $C_{i_0+2}(q_{i_0+1})$, $\cdots$, $C_{k+1}(q_k)$ 中求出最小者, 其对应的订单批量为最优经济订单批量.

3.2　带增量价格折扣的订单批量模型

增量价格折扣是指在订购量满足一定数量时对超出的部分进行价格折扣. 具体地, 设正数列 $\{q_i\}$, $\{c_i\}$ 满足

$$q_1<q_2<\cdots<q_k,\qquad c_1>c_2>\cdots>c_k>c_{k+1}.$$

增量价格折扣是指补货价格与补货量之间满足:

在补货量处于 $0<Q\leqslant q_1$ 时, 补货单价为 c_1;

在补货量处于 $q_1<Q\leqslant q_2$ 时, $0\sim q_1$ 的补货部分单价为 c_1, 而 $q_1\sim Q$ 的补货部分单价为 c_2;

在补货量处于 $q_2<Q\leqslant q_3$ 时, $0\sim q_1$ 的补货部分单价为 c_1, $q_1\sim q_2$ 的补货部分单价为 c_2, $q_2\sim Q$ 的补货部分单价为 c_3;

$\cdots\cdots$

在补货量满足 $Q > q_k$ 时, $0 \sim q_1$ 的补货部分单价为 c_1, $q_1 \sim q_2$ 的补货部分单价为 c_2, $q_2 \sim q_3$ 的补货部分单价为 c_3, $\cdots$, $q_{k-1} \sim q_k$ 的补货部分单价为 c_k, $q_k \sim Q$ 的补货部分单价为 c_{k+1}.

为计算该库存系统的最优补货量, 我们先考虑订单批量 Q 的平均补货可变费用. 为此, 对补货量 $Q \in (q_{j-1}, q_j]$, 记补货增量

$$r_1 = q_1, \quad r_2 = q_2 - q_1, \quad \cdots, \quad r_{j-1} = q_{j-1} - q_{j-2}, \quad r_j = Q - q_{j-1}.$$

由于 $q_{j-1} = \sum\limits_{i=1}^{j-1} r_i$, 所以最后一个补货增量为 $r_j = Q - \sum\limits_{i=1}^{j-1} r_i$.

从而, 对补货量 $Q \in (q_{j-1}, q_j]$, 总补货可变费用为 $\sum\limits_{i=1}^{j-1} r_i c_i + c_j\left(Q - \sum\limits_{i=1}^{j-1} r_i\right)$, 而平均补货可变费用为

$$\bar{c}_j(Q) = \frac{\sum\limits_{i=1}^{j-1} r_i c_i + c_j\left(Q - \sum\limits_{i=1}^{j-1} r_i\right)}{Q} = \frac{1}{Q}\sum_{i=1}^{j-1} r_i(c_i - c_j) + c_j.$$

与全量价格折扣的讨论类似, 假定单位时间的持货成本只与库存占用资金有关, 即 $h = \tau \bar{c}_j(Q)$. 则对补货量 $Q \in (q_{j-1}, q_j]$, 单位时间的库存成本为

$$C_j(Q) = \frac{\lambda K}{Q} + \lambda \bar{c}_j(Q) + \frac{Q}{2}\tau \bar{c}_j(Q).$$

将平均补货单价 $\bar{c}_j(Q)$ 代入上式并整理得

$$C_j(Q) = \frac{\lambda\left(K + \sum\limits_{i=1}^{j-1}(c_i - c_j) r_i\right)}{Q} + \lambda\left(c_j + \frac{\sum\limits_{i=1}^{j-1}(c_i - c_j) r_i \tau}{2\lambda}\right) + \frac{Q}{2}\tau c_j.$$

该式与经济订单批量有相同的形式, 且关于 Q 为凸函数.

依据经济订单批量的计算公式, 该函数对应的经济订单批量为

$$Q_j^{\mathrm{EOQ}} = \sqrt{\frac{2\lambda K}{h}} = \sqrt{\frac{2\lambda\left(K + \sum\limits_{i=1}^{j-1}(c_i - c_j) r_i\right)}{\tau c_j}}.$$

显然, 该经济订单批量只有在 Q_j^{EOQ} 满足 $q_{j-1} < Q_j^{\mathrm{EOQ}} \leqslant q_j$ 时才有效. 同样, 我们称这样的订单批量为有效订单批量. 利用 Q_j^{EOQ} 关于 j 的单调递增性可证, 有效的经济订单批量一定存在.

为讨论需要, 我们记由函数

$$\begin{gathered}C_1(Q),\quad Q\in(0,q_1],\\C_2(Q),\quad Q\in(q_1,q_2],\\\cdots\cdots\\C_k(Q),\quad Q\in(q_{k-1},q_k].\\C_{k+1}(Q),\quad Q\in(q_k,\infty)\end{gathered}$$

组成的分段函数为 $C(Q)$, 称其为单位时间的综合库存成本函数.

我们说, 该函数关于 $Q\in(0,\infty)$ 连续. 事实上, 首先, 对任意的 $j=1,2,\cdots,k$, 函数 $C_j(Q)$ 关于 $Q\in(q_{j-1},q_j]$ 连续. 其次, 对节点 q_j, 补货量 $Q\in(q_j,q_{j+1}]$ 对应的补货可变费用为

$$\sum_{i=1}^{j}r_ic_i+c_{j+1}(Q-q_j).$$

由此可知, 该费用函数在 q_j 点连续. 这说明, 总的补货可变费用关于 $Q\in(0,\infty)$ 连续. 再利用持货成本是补货可变费用的线性函数得, 单位时间的综合库存成本函数 $C(Q)$ 关于 $Q\in(0,\infty)$ 连续. 见图 3.2.1.

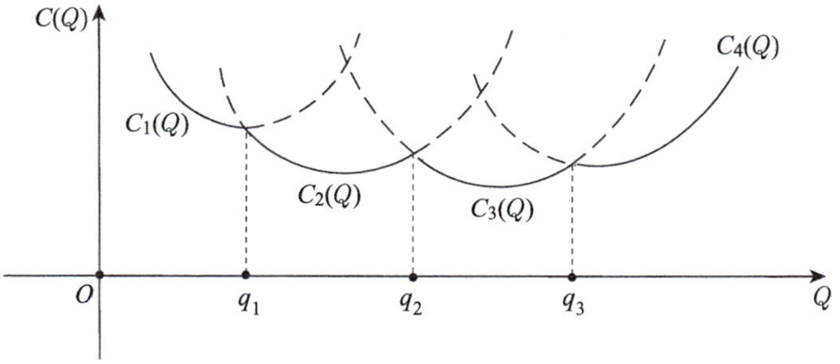

图 3.2.1　带增量价格折扣的订单批量模型

进一步, 我们有如下结论.

定理 3.2.1　对带增量价格折扣的订单批量模型, 单位时间库存成本最低的有效经济订单批量是最优订单批量.

证明　对该批量模型, 设 $Q_{i_0}^{\mathrm{EOQ}}$ 和 $Q_{j_0}^{\mathrm{EOQ}}$ 分别为最小的有效订单批量和最大的有效订单批量.

根据前面的讨论, 对任意的 i, 单位时间的库存费用 $C_i(Q)$ 关于 $Q\in(q_{i-1},q_i]$ 为凸函数. 利用不同价格折扣下的单位时间的库存成本函数 $C_i(Q)$ 关于 $Q\in(0,\infty)$ 连续和订单批量 Q_i^{EOQ} 关于 i 单调递增知, 单位时间的库存成本综合函数 $C(Q)$ 在区间 $(0,Q_{i_0}^{\mathrm{EOQ}})$ 内关于 Q 单调递减, 在区间 $(Q_{j_0}^{\mathrm{EOQ}},\infty)$ 内关于 Q 单调递

增. 这样, 综合函数 $C(Q)$ 关于 $Q \in (0,\infty)$ 的最小值点一定在区间 $[q_{i_0}, q_{j_0}]$ 内. 下面求该函数在区间段 $(q_{i_0}, q_{j_0}]$ 内的最小值点.

利用单位时间的综合库存成本函数 $C(Q)$ 的分段凸性, 对任意包含于 $(q_{i_0}, q_{j_0}]$ 且不含有效订单批量的区间段 $(q_t, q_{t+1}]$, 库存成本函数 $C(Q)$ 在该区间内要么单调递增要么单调递减. 不妨设单调递减, 则库存成本函数 $C_t(Q)$ 的最小值点 $\geqslant q_{t+1}$. 根据 Q_i^{EOQ} 关于 i 的单调递增性, $C_{t+1}(Q)$ 在区间段 $(q_{t+1}, q_{t+2}]$ 内要么单调递减要么含有效订单批量. 根据综合库存费用函数 $C(Q)$ 关于 Q 的连续性, 区间段 $(q_t, q_{t+1}]$ 不含综合库存费用函数 $C(Q)$ 的最小值点. 以此类推可知, 所有不含有效经济订单批量的区间段 $(q_i, q_{i+1}]$ 不含综合库存费用函数 $C(Q)$ 的最小值点. 从而, 综合库存费用函数 $C(Q)$ 的最小值点一定为有效订单批量. 命题结论得证.

证毕

根据上述结论, 我们得到如下算法.

算法 3.2.1

步 1. 计算所有的经济订单批量 $Q_1^{\mathrm{EOQ}}, Q_2^{\mathrm{EOQ}}, \cdots, Q_{k+1}^{\mathrm{EOQ}}$.

步 2. 验证有效性. 在所有的有效区间内判断 $Q_j^{\mathrm{EOQ}} \in (q_{j-1}, q_j]$.

步 3. 在所有的有效订单批量中, 求出单位时间内库存成本 $C_j(Q_j^{\mathrm{EOQ}})$ 最小的点. 该点即为带增量价格折扣的最优补货量.

需要说明的是, 在全量价格折扣和增量价格折扣中, 我们只从库存成本角度进行分析, 而没有考虑价格折扣给商家带来的销售效益. 如果将该因素考虑进去, 可得到新的订单批量模型.

3.3　带突发价格折扣的订单批量模型

考虑如下库存系统: 在经济订单批量模型运行期间, 供应商突然在某一时刻, 不妨设为 t_0, 提供一次性价格折扣, 其余假设同经济订单批量模型.

根据模型假设, 零售商在从开始时刻到 t_0 的时间段内运行经济订单批量模式. 由于供应商在 t_0 时刻突然提供价格折扣, 为享受价格折扣带来的益处, 零售商需根据剩余库存量和价格折扣率确定是否追加特殊补货并确定追加特殊补货时的特殊补货量. 显然, 在特殊补货周期运行结束之后回归经济订单批量模式, 见图 3.3.1.

设零售商在折扣点 t_0 的剩余库存量为 q_0. 如果零售商在折扣点进行特殊补货, 记补货量为 Q_d, 则该特殊补货需在仓库内闲置 $\dfrac{q_0}{\lambda}$ 时间段后再销售, 这无疑增加了特殊补货的持货成本. 因此, 零售商需在特殊补货带来的库存收益和由剩余库存而带来的库存成本的增加之间进行权衡, 以确定是否进行特殊补货和进行特殊补货时的补货量.

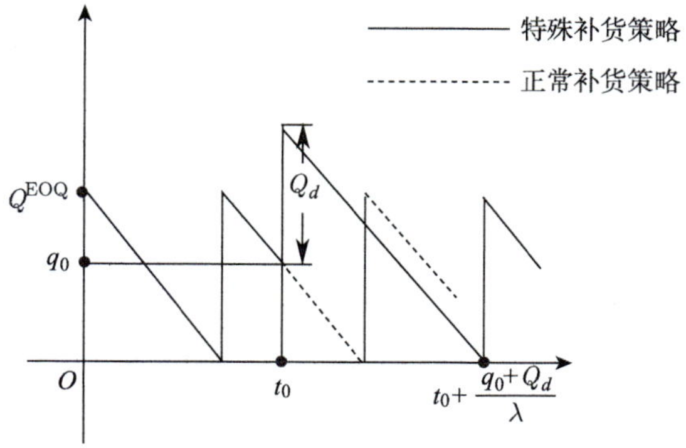

图 3.3.1 带突发价格折扣的订单批量模型

显然, 价格折扣不但会减少持货成本, 还会增加零售商的销售毛利润. 为此, 为确定该情形下的补货策略, 我们考虑在价格折扣点进行特殊补货时的补货策略相对不进行特殊补货时的补货策略的库存收益增值. 为简单起见, 设单位时间的持货成本只与零售商的补货价格有关, 即对非价格折扣物品, 单位时间单位物品的持货成本为 h, 而对价格折扣物品, 单位时间单位物品的持货成本为 γh, 其中, $\gamma \in (0,1)$ 为折扣率.

记 c 为零售商的正常补货价格, b 为零售商的销售价格. 根据图 3.3.1, 下面分别计算两种补货策略下在公共时间段 $\left[t_0, t_0+\dfrac{Q_d+q_0}{\lambda}\right]$ 内的库存效益.

根据库存管理的知识, 剩余库存量 q_0 和特殊补货 Q_d 在其运行时间段 $\left[t_0, t_0+\dfrac{Q_d+q_0}{\lambda}\right]$ 内产生的库存收益为

$$f_1(Q_d)=(b-c)q_0-\frac{q_0}{\lambda}\sqrt{2\lambda Kh}+(b-\gamma c)Q_d-K-\frac{q_0}{\lambda}Q_d\gamma h-\frac{Q_d^2}{2\lambda}\gamma h,$$

其中, 前两项为剩余库存量 q_0 在该时间段产生的库存收益, 后四项为特殊补货量 Q_d 产生的库存收益.

这里, 对剩余库存量 q_0 产生的库存费用, 我们以经济订单批量在单位时间内的库存运作成本 $\sqrt{2\lambda Kh}$ 进行度量.

容易计算, 经济订单批量在时间段 $\left[t_0, t_0+\dfrac{Q_d+q_0}{\lambda}\right]$ 内产生的库存收益为

$$f_2(Q_d)=(b-c)(q_0+Q_d)-\frac{q_0+Q_d}{\lambda}\sqrt{2\lambda Kh}.$$

这样, 相对经济订单批量, 特殊补货策略在 $\left[t_0, t_0+\dfrac{Q_d+q_0}{\lambda}\right]$ 时间段内的库

存收益增值为

$$\begin{aligned}
f(Q_d) =& f_1(Q_d) - f_2(Q_d) \\
=& \left((b-\gamma c)Q_d - K - \frac{q_0}{\lambda}Q_d\gamma h - \frac{Q_d^2}{2\lambda}\gamma h\right) - \left(Q_d(b-c) - \frac{Q_d}{\lambda}\sqrt{2\lambda Kh}\right) \\
=& (1-\gamma)cQ_d - K - \frac{q_0 Q_d}{\lambda}\gamma h - \frac{Q_d^2}{2\lambda}\gamma h + \frac{Q_d}{\lambda}\sqrt{2\lambda Kh} \\
=& \frac{1}{\lambda}\left(-\frac{1}{2}\gamma h Q_d^2 + \left((1-\gamma)\lambda c - q_0\gamma h + \sqrt{2\lambda Kh}\right)Q_d - \lambda K\right).
\end{aligned}$$

显然, 上述函数关于 Q_d 为凹函数. 若在 t_0 时刻选择特殊补货, 则上式关于特殊补货量 Q_d 的最大值非负. 这说明, 该二次函数的判别式非负, 也就是

$$\Delta = \left((1-\gamma)\lambda c - q_0\gamma h + \sqrt{2\lambda Kh}\right)^2 - 2\lambda K\gamma h \geqslant 0,$$

即

$$|(1-\gamma)\lambda c - q_0\gamma h + \sqrt{2\lambda Kh}| \geqslant \sqrt{2\lambda\gamma Kh}.$$

将其展开得

$$q_0 \geqslant \frac{1+\sqrt{\gamma}}{\gamma}\sqrt{\frac{2\lambda K}{h}} + (1-\gamma)\frac{\lambda c}{\gamma h} = \frac{1+\sqrt{\gamma}}{\gamma}Q^{\text{EOQ}} + (1-\gamma)\frac{\lambda c}{\gamma h},$$

$$\text{或} \qquad q_0 < \frac{1-\gamma}{\gamma h}\lambda c + \frac{1-\sqrt{\gamma}}{\gamma}\sqrt{\frac{2\lambda K}{h}}.$$

从理论上讲, 上述两式均可保证二次函数 $f(Q_d)$ 的判别式 Δ 非负, 也就是零售商选择特殊补货. 但由于前一种情况不会发生, 故零售商在折扣点进行特殊补货的必要条件是

$$q_0 < \frac{1-\gamma}{\gamma h}\lambda c + \frac{1-\sqrt{\gamma}}{\gamma}\sqrt{\frac{2\lambda K}{h}}.$$

下面确定最优特殊补货量. 显然, Q_d 应为函数 $f(Q_d)$ 的极大值点. 利用二次函数的凹性, 将该函数关于 Q_d 求导

$$f'(Q_d) = (1-\gamma)c - \frac{q_0}{\lambda}\gamma h - \frac{Q_d}{\lambda}\gamma h + \frac{1}{\lambda}\sqrt{2\lambda Kh}.$$

并令之为零得最优特殊补货量

$$\begin{aligned}
Q_d^* &= (1-\gamma)\frac{\lambda c}{\gamma h} + \frac{1}{\gamma}\sqrt{\frac{2\lambda K}{h}} - q_0 \\
&= (1-\gamma)\frac{\lambda c}{\gamma h} + \frac{1}{\gamma}Q^{\text{EOQ}} - q_0.
\end{aligned}$$

结合前面的讨论, 若 $q_0 \geqslant \frac{1-\gamma}{\gamma h}\lambda c+\frac{1-\sqrt{\gamma}}{\gamma}\sqrt{\frac{2\lambda K}{h}}$, 零售商不进行特殊补货; 否则, 进行特殊补货, 补货量为 $Q_d=\frac{Q^{\mathrm{EOQ}}}{\gamma}+(1-\gamma)\frac{\lambda c}{\gamma h}-q_0$. 由此看出, 在 t_0 时刻是否进行特殊补货及补多少, 与该时刻的剩余库存量和折扣率有关.

3.4 带预期价格折扣的订单批量模型

考虑如下库存模型: 在系统初始, 零售商被告知供应商在未来的 t_0 时刻向零售商提供折扣率为 γ 的价格折扣, 其余假设同经济订单批量模型. 在该系统中, 为享受价格折扣带来的优惠, 零售商需对 t_0 时刻之前的补货量进行调整使得当价格折扣发生时的剩余库存量尽可能低. 显然, 这种调整必然导致特殊补货前库存成本的增加. 由此, 零售商需对上述调整策略带来的库存成本的增加和价格折扣带来的收益进行平衡, 以确定特殊补货之前的补货量和 t_0 时刻的特殊补货量. 也就是, 为极大化零售商的库存收益, 需确定 t_0 时刻前的补货量、折扣点 t_0 的特殊补货量 Q_d. 为讨论方便, 记经济订单批量补货决策下, t_0 时刻前的补货次数为 $m=\left\lceil\frac{\lambda t_0}{Q^{\mathrm{EOQ}}}\right\rceil$. 下面分情况讨论该库存系统的最优补货策略.

情形 1 在经济订单批量补货决策下, t_0 时刻的剩余库存量为零, 也就是 t_0 为经济订单批量补货决策的补货点, 见图 3.4.1.

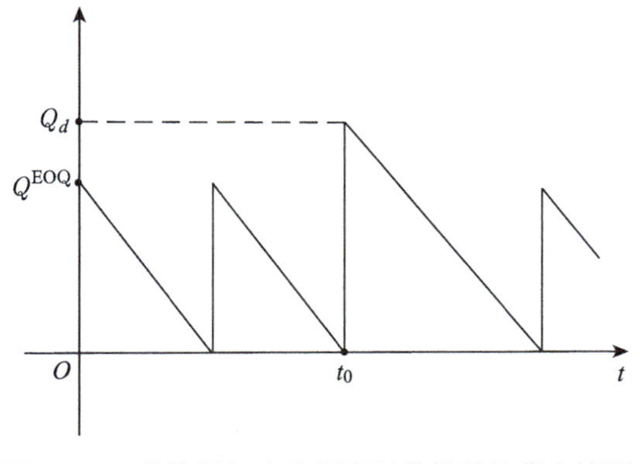

图 3.4.1 价格折扣点为经济订单批量补货点情形

此时, 根据定理 2.1.1, 无须对 t_0 时刻前的经济订单批量进行调整, 直接在 t_0 时刻进行特殊补货即得该库存系统的最优补货决策, 特殊补货量由下述结论给出.

定理 3.4.1 若在折扣点的剩余库存量为零, 则最优特殊补货量为

$$Q_d^* = \frac{(1-\gamma)c\lambda}{\gamma h} + \frac{1}{\gamma}\sqrt{\frac{2\lambda K}{h}}.$$

证明 由于特殊补货点的剩余库存量为零, 相对经济订单批量补货决策, 零售商在 t_0 时刻进行特殊补货带来的库存收益增值为

$$\begin{aligned} f(Q_d) &= \left((b-\gamma c)Q_d - K - \frac{\gamma h Q_d^2}{2\lambda}\right) - \left((b-c)Q_d - \frac{Q_d}{\lambda}\sqrt{2\lambda K h}\right) \\ &= (1-\gamma)cQ_d - K - \frac{\gamma h Q_d^2}{2\lambda} + Q_d\sqrt{\frac{2Kh}{\lambda}}. \end{aligned}$$

该函数关于 Q_d 为凹函数. 从而其极大值点为导数零点, 也就是最优特殊补货量为

$$Q_d^* = \frac{(1-\gamma)c\lambda}{\gamma h} + \frac{1}{\gamma}\sqrt{\frac{2\lambda K}{h}}.$$ 证毕

情形 2 在经济订单批量补货决策下, t_0 时刻的剩余库存量非零, 见图 3.4.2.

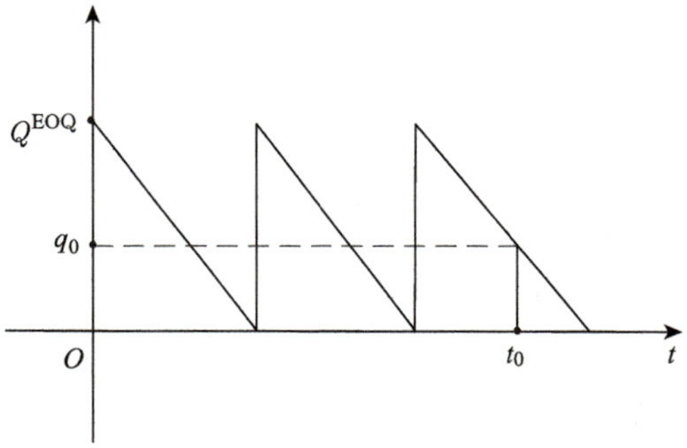

图 3.4.2 价格折扣点非经济订单批量补货点情形

该情形下, 为既降低库存成本, 又使 t_0 时刻的剩余库存量尽可能小, 零售商需对 t_0 时刻前的经济订单批量进行调整. 基于定理 2.1.1, t_0 时刻前的补货次数只能为 m 和 $m-1$ 次. 从而, 最优的调整策略只有以下两种.

调整策略一 将 t_0 时刻前的经济订单批量适当增加, 使 $[0, t_0]$ 时段内的补货次数压缩为 $m-1$, 且 t_0 时刻的剩余库存量为零. 记该补货策略为 π_1.

该策略下, t_0 时刻前的补货量由下述结论给出.

定理 3.4.2 对运行时段为 $[0, t_0]$ 的经济订单批量模型的任一补货策略, 在剩余库存量为零时进行补货且每次的补货量都相等时库存成本最低.

证明 由于补货提前期为零, 因此第一个结论是显然的.

对后一结论, 假设 π 为该库存系统的最优补货策略, 且存在两个不等的连续补货批量. 不妨设这两个补货批量和补货时间分别为 Q_1, Q_2 和 t_1, t_2, 且 $Q_1 > Q_2$. 下面对该补货策略做如下调整, 并记调整后的补货策略为 π': 将 t_1 时刻的补货量调整为 $Q_1-\varepsilon$, 则其运行时间为 $\dfrac{Q_1-\varepsilon}{\lambda}=t_1-\dfrac{\varepsilon}{\lambda}$, 则下一时刻, 即 $t_1-\dfrac{\varepsilon}{\lambda}=t_2-\dfrac{\varepsilon}{\lambda}$ 时刻的补货批量调整为 $Q_2+\varepsilon$, 其余与策略 π 相同. 其中, $\varepsilon=\dfrac{Q_1-Q_2}{2}$. 则策略调整前后的持货成本之差为

$$
\begin{aligned}
f(\pi)-f(\pi') &= \frac{1}{2\lambda}Q_1^2h+\frac{1}{2\lambda}Q_2^2h-\frac{1}{2\lambda}(Q_1-\varepsilon)^2h-\frac{1}{2\lambda}(Q_2+\varepsilon)^2h \\
&= \frac{h(Q_1-Q_2)^2}{4\lambda}>0.
\end{aligned}
$$

这与策略 π 的最优性矛盾, 命题得证. 证毕

由该结论, 补货策略 π_1 在 $[0,t_0]$ 时段内补货 $m-1$ 次, 每次的补货量为 $Q_0=\dfrac{\lambda t_0}{m-1}$, t_0 时刻的剩余库存量为零. 结合定理 3.4.1 给出的特殊补货量, 可得该调整策略下的订单批量, 见图 3.4.3.

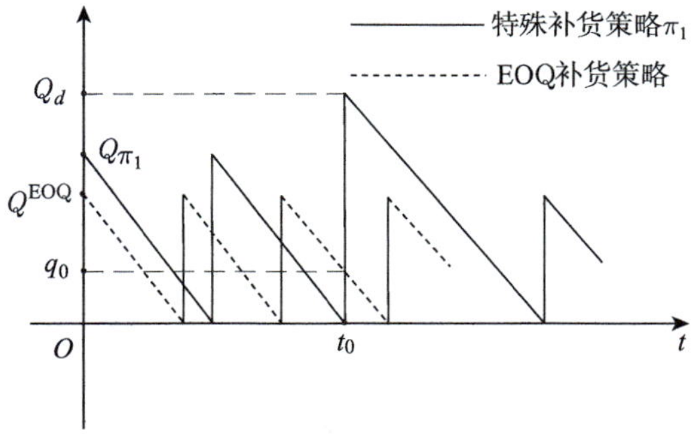

图 3.4.3 调整策略一

该补货策略相对经济订单批量补货决策的效益增值为

$$
\begin{aligned}
f_{\pi_1} &= (b-c)\lambda t_0-mK-(m-1)\frac{Q_0^2h}{2\lambda}+(b-\gamma c)Q_d-\frac{Q_d^2\gamma h}{2\lambda} \\
&\quad -\left((b-c)(\lambda t_0+Q_d)-\sqrt{2\lambda Kh}\frac{\lambda t_0+Q_d}{\lambda}\right) \\
&= (1-\gamma)cQ_d-mK-(m-1)\frac{Q_0^2h}{2\lambda}-\frac{Q_d^2\gamma h}{2\lambda}+\sqrt{2\lambda Kh}\frac{\lambda t_0+Q_d}{\lambda}.
\end{aligned}
$$

调整策略二 将 t_0 时刻前的经济订单批量适当减少, $[0,t_0]$ 时段内的补货次数仍为 m, t_0 时刻的剩余库存量非负, 见图 3.4.4.

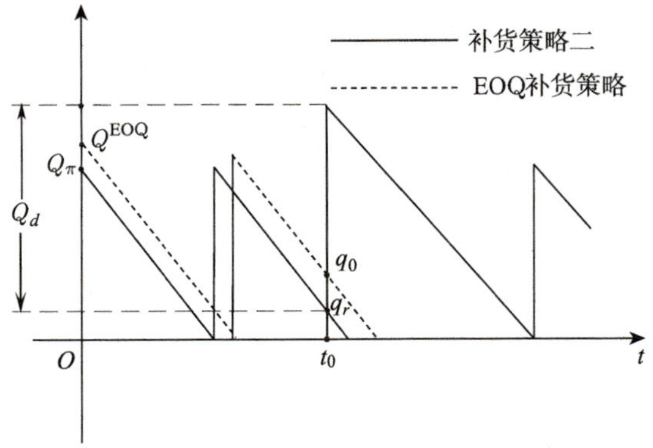

图 3.4.4　调整策略二

下面计算 t_0 时刻的剩余库存量为 q_r 时的特殊补货量.

定理 3.4.3　设 t_0 时刻的剩余库存量为 q_r, 则在该时刻进行特殊补货时的最优补货量为

$$Q_d=\frac{(1-\gamma)c\lambda}{\gamma h}+\frac{1}{\gamma}\sqrt{\frac{2\lambda K}{h}}-q_r.$$

证明　该策略下, 特殊补货 Q_d 在系统内闲置 $\frac{q_r}{\lambda}$ 时段, 然后进入市场销售. 由此, 该特殊补货产生的效益为

$$\begin{aligned}f_d&=(b-\gamma c)Q_d-K-\gamma hQ_d\frac{q_r}{\lambda}-\frac{\gamma hQ_d^2}{2\lambda}\\&=-\frac{\gamma hQ_d^2}{2\lambda}-\gamma hQ_d\frac{q_r}{\lambda}+(b-\gamma c)Q_d-K.\end{aligned}$$

如果在 t_0 时刻不进行特殊补货, 而是在 $t_0+\frac{q_r}{\lambda}$ 时刻运行经济订单批量, 则该补货策略在时间段 $\left[t_0+\frac{q_r}{\lambda},t_0+\frac{q_r+Q_d}{\lambda}\right]$ 产生的库存效益为

$$f_0=(b-c)Q_d-\frac{\sqrt{2\lambda Kh}Q_d}{\lambda}.$$

从而, 特殊补货策略相对经济订单批量补货决策的效益增值为

$$\begin{aligned}f(Q_d)&=f_d-f_0\\&=-\frac{\gamma hQ_d^2}{2\lambda}-\gamma hQ_d\frac{q_r}{\lambda}+(b-\gamma c)Q_d-K-(b-c)Q_d+\frac{\sqrt{2\lambda Kh}Q_d}{\lambda}\\&=-\frac{\gamma hQ_d^2}{2\lambda}-\gamma hQ_d\frac{q_r}{\lambda}+(1-\gamma)cQ_d+\sqrt{\frac{2Kh}{\lambda}}Q_d-K.\end{aligned}$$

将其关于 Q_d 求导并令之为零得上述差值的最大值点, 即最优特殊补货量

$$Q_d = \frac{(1-\gamma)c\lambda}{\gamma h} + \frac{1}{\gamma}\sqrt{\frac{2\lambda K}{h}} - q_r.$$ 证毕

根据上述结论和定理 3.4.1, 如果在 t_0 时刻选择特殊补货, 则特殊补货后 t_0 时刻总的库存量是恒定的, 与 t_0 时刻有无剩余库存量无关.

下面计算 $[0, t_0]$ 时间段内的补货量. 设该时段内每次的补货量为 Q_0. 则 t_0 时刻的剩余库存量为 $q_r = mQ_0 - \lambda t_0$.

零售商在 $t_0 + \dfrac{q_r + Q_d}{\lambda}$ 时刻的剩余库存量为零, 并转入 EOQ 订单批量模型. 该补货策略下, 零售商在 $\left[0, t_0 + \dfrac{q_r + Q_d}{\lambda}\right]$ 时间段内的库存收益为

$$f_d = (b-c)mQ_0 + (b-\gamma c)Q_d - (m+1)K - m\frac{hQ_0^2}{2\lambda} - \gamma h Q_d \frac{q_r}{\lambda} - \frac{\gamma h Q_d^2}{2\lambda}.$$

代入 $q_r = mQ_0 - \lambda t_0$ 并整理得

$$\begin{aligned} f_d = & -m\frac{hQ_0^2}{2\lambda} + (b-c)mQ_0 - \frac{\gamma h Q_d^2}{2\lambda} + (b-\gamma c)Q_d \\ & -(m+1)K - \frac{\gamma h}{\lambda}Q_d Q_0 + \gamma h t_0 Q_d. \end{aligned}$$

而零售商在经济订单批量补货决策下在该时间段内的库存收益为

$$\begin{aligned} f_0 &= (b-c)\Big(mQ_0 + Q_d\Big) - \sqrt{2\lambda K h}\frac{Q_d + mQ_0}{\lambda} \\ &= (b-c)mQ_0 + (b-c)Q_d - \sqrt{\frac{2Kh}{\lambda}}mQ_0 - \sqrt{\frac{2Kh}{\lambda}}Q_d. \end{aligned}$$

据此, 相对经济订单批量 EOQ 模型, 该补货策略下的库存收益增值为

$$\begin{aligned} & f(Q_0, Q_d) = f_d - f_0 \\ & = -m\frac{hQ_0^2}{2\lambda} + \left((b-c) - \frac{\gamma h}{\lambda}Q_d\right)mQ_0 - \frac{\gamma h Q_d^2}{2\lambda} + \big((b-\gamma c) + \gamma h t_0\big)Q_d \\ & \quad -(m+1)K + \sqrt{\frac{2Kh}{\lambda}}mQ_0 + \sqrt{\frac{2Kh}{\lambda}}Q_d - (b-c)mQ_0 - (b-c)Q_d, \end{aligned}$$

代入定理 3.4.3 给出的 Q_d 并化简得

$$\begin{aligned} f(Q) = & -\frac{m(1-m\gamma)h}{2\lambda}Q^2 - m\big((1-\gamma)c + \gamma h t_0\big)Q \\ & + \frac{\gamma h}{2\lambda}\left(\frac{\lambda(1-\gamma)c}{\gamma h} + \frac{1}{\gamma}\sqrt{\frac{2\lambda K}{h}} + \lambda t_0\right)^2 - (m+1)K. \end{aligned}$$

从而, 该库存决策问题可化为如下优化问题:

$$\begin{aligned} \max \quad & f(Q_0) \\ \text{s.t.} \quad & \frac{\lambda t_0}{m} \leqslant Q_0 < \frac{\lambda t_0}{m-1}, \end{aligned} \tag{3.4.1}$$

若 $m\gamma < 1$, 优化问题 (3.4.2) 的目标函数关于 Q_0 为凹函数, 其最大值点为导数零点, 即

$$\bar{Q}_0 = -\frac{(1-\gamma)c + \gamma h t_0}{h(1-m\gamma)}.$$

显然该最优解为负, 不满足约束条件 $\frac{\lambda t_0}{m} \leqslant Q_0 < \frac{\lambda t_0}{m-1}$. 利用目标函数的凹性知, 优化问题 (3.4.2) 的最优解为 $Q_0^* = \frac{\lambda t_0}{m-1}$. 该策略下, t_0 点的剩余库存量为零, 这归结为补货策略 π_1.

当 $m\gamma \geqslant 1$ 时, 优化问题 (3.4.2) 的目标函数关于 Q 为凸函数. 其最大值点为区间 $\left[\frac{\lambda t_0}{m}, \frac{\lambda t_0}{m-1}\right]$ 的端点, 即优化问题 (3.4.2) 的最优解为 $\frac{\lambda t_0}{m}$ 或 $\frac{\lambda t_0}{m-1}$. 此时, t_0 时刻的剩余库存量为零. 记前一种补货策略为 π_2. 显然, 后一种策略为策略 π_1.

通过以上分析, 可得经济订单批量补货决策下, t_0 时刻的剩余库存量非零最优时的补货决策: (1) 对 t_0 时刻前的经济订单批量进行调整使该时刻的剩余库存量为零且进行特殊补货; (2) 对 t_0 时刻前的经济订单批量不做任何调整, 全部运行经济订单批量补货决策. 由此得该库存系统三种可能的最优补货策略:

策略 $\boldsymbol{\pi_1}$　$Q_0 = \frac{\lambda t_0}{m-1}, Q_d = \frac{(1-\gamma)c\lambda}{\gamma h} + \frac{1}{\gamma}\sqrt{\frac{2\lambda K}{h}}$;

策略 $\boldsymbol{\pi_2}$　$Q_0 = \frac{\lambda t_0}{m}, Q_d = \frac{(1-\gamma)c\lambda}{\gamma h} + \frac{1}{\gamma}\sqrt{\frac{2\lambda K}{h}}$;

策略 EOQ　$Q_0 = Q^{\text{EOQ}}, Q_d = 0$.

由此可得该库存模型的求解算法.

算法 3.4.1

步 1. 输入库存模型参数 $\lambda, K, b, c, \gamma, h, t_0$.

步 2. 记 $m = \left\lceil \frac{\lambda t_0}{Q^{\text{EOQ}}} \right\rceil$. 若 $\left\lfloor \frac{\lambda t_0}{Q^{\text{EOQ}}} \right\rfloor = \left\lceil \frac{\lambda t_0}{Q^{\text{EOQ}}} \right\rceil$, 即价格折扣点为经济订单批量的补货点, 则 $Q_0 = Q^{\text{EOQ}}$, 在 t_0 时刻进行特殊补货, 特殊补货量为 $Q_d =$

$\dfrac{(1-\gamma)c\lambda}{\gamma h}+\dfrac{1}{\gamma}\sqrt{\dfrac{2\lambda K}{h}}$; 否则, 转步 3.

步 3. 计算不同策略下, t_0 时刻前的补货量

$$\begin{cases} Q_0=\dfrac{\lambda t_0}{m-1}, & \text{策略 } \pi_1, \\ Q_0=\dfrac{\lambda t_0}{m}, & \text{策略 } \pi_2, \\ Q_0=Q^{\mathrm{EOQ}}=\sqrt{\dfrac{2\lambda K}{h}}, & \text{策略 } \pi_{\mathrm{EOQ}}. \end{cases}$$

步 4. 分别计算补货策略 π_1,π_2 相对无特殊补货的经济订单批量补货决策的效益增值 f_{π_1},f_{π_2}. 若 $\max\{f_{\pi_1},f_{\pi_2}\}>0$, 则最大者对应的补货策略为最优的补货决策, 否则按经济订单批量进行补货, 且在 t_0 时刻不进行特殊补货.

第 4 章　有限期确定型库存系统

本章首先考虑运行时间有限的经济订单批量模型, 然后讨论市场需求不恒定及带补货能力限制的分期需求库存系统, 给出它们的最优补货决策.

4.1　有限期订单批量模型

考虑如下库存系统: 库存运行时间为 T, 市场需求恒定, 单位时间的需求量为 λ, 无补货提前期, 不允许缺货. 对该库存模型, 下面考虑如何补货才能使总的库存运作成本最低.

假定在时间 T 内进行了 n 次补货, 而每次补货所维持的时间为 T_i. 根据假设, 第 i 次的补货量为 $Q_i = \lambda T_i$, 见图 4.1.1. 下面确定总补货次数 n 和每次的补货量 Q_i 或运行周期 T_i, 使系统的库存成本最低.

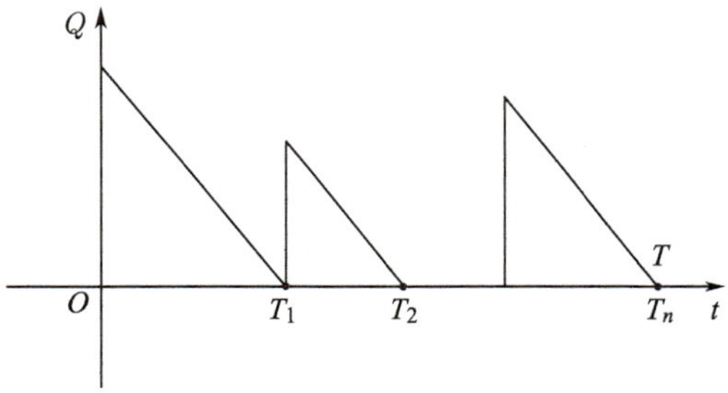

图 4.1.1　有限期订单批量模型

根据经济订单批量模型库存成本的计算公式, 时间 T 内总的库存运作成本为

$$C(T_1, \cdots, T_n) = nK + \frac{1}{2}\sum_{i=1}^{n} Q_i T_i h = nK + \frac{1}{2}\lambda h \sum_{i=1}^{n} T_i^2.$$

则该库存系统的补货决策问题可化为如下优化模型:

$$\begin{aligned} \min_{n, T_1, \cdots, T_n} \quad & C(T_1, \cdots, T_n) = nK + \frac{1}{2}\lambda h \sum_{i=1}^{n} T_i^2 \\ \text{s.t.} \quad & T_1 + T_2 + \cdots + T_n = T, T_i > 0. \end{aligned}$$

显然, 该问题等价于如下优化问题:

$$\begin{aligned}\min_{n}\min_{T_1,\cdots,T_n}\quad & C(T_1,\cdots,T_n)=nK+\frac{1}{2}\lambda h\sum_{i=1}^{n}T_i^2\\ \text{s.t.}\quad & T_1+T_2+\cdots+T_n=T, T_i>0.\end{aligned}$$

对此, 我们先固定自然数 n, 求解内层优化问题.

对于上述模型的目标函数, 利用 Cauchy-Schwarz 不等式

$$x^{\mathrm{T}}y\leqslant\|x\|_2\|y\|_2,\qquad \forall x,y\in R^n$$

对 $x=(T_1,T_2,\cdots,T_n)$, $y=(1,1,\cdots,1)^{\mathrm{T}}$, 成立

$$T^2=\left(\sum_{i=1}^{n}T_i\right)^2\leqslant n\sum_{i=1}^{n}T_i^2,$$

且等号成立的充分必要条件是 $T_1=T_2=\cdots=T_n$, 即 $\sum\limits_{i=1}^{n}T_i^2$ 的最小值在 $T_1=T_2=\cdots=T_n=\frac{1}{n}T$ 时达到. 这样, 如果在时间段 $[0,T]$ 进行 n 次补货, 那么每次最优的补货量为 $\frac{\lambda T}{n}$, 最优的补货周期为 $T_i^*=\frac{T}{n}$. 见图 4.1.2. 从而原优化模型化为

$$\min_{n}C(n)=nK+\frac{1}{2}\lambda hT^2/n.$$

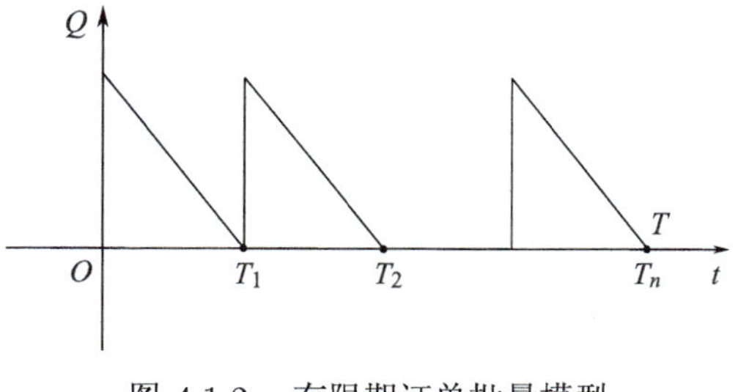

图 4.1.2 有限期订单批量模型

对目标函数 $C(n)$, 容易计算其最小值点为

$$n^*=T\sqrt{\frac{\lambda h}{2K}}=\frac{\lambda T}{Q^{\mathrm{EOQ}}}.$$

由于该函数关于 n 为凸函数且 n 为整数, 故最优补货次数为 $\lceil n^*\rceil$, $\lfloor n^*\rfloor$ 中使函数 $C(n)$ 取最小值的一个.

实际上, 由 n^* 的计算公式,

$$\lambda T = n^* Q^{\mathrm{EOQ}}.$$

最优的订单批量为 $\dfrac{\lambda T}{n}$, $n=1,2,\cdots$ 中最靠近经济订单批量 Q^{EOQ} 中的一个.

4.2 带分期需求的订单批量模型

考虑如下带分期需求的订单批量模型: 系统运行时间有限且在不同的时间段有不同的市场需求. 具体地, 该库存系统要求:

(1) 库存系统运行时间为 T, 且分为 n 个等长的时间段, 记为 n 个不同的期, 每期的市场需求分别为 D_t, $t=1,2,\cdots,n$;

(2) 补货时机只能为每期的开始, 无补货提前期, 不允许缺货;

(3) 当前期内被销售的物品不产生持货成本, 但延迟至下一期销售的物品产生持货成本时, 单位物品在每一期的持货成本为 h.

对上述库存系统, 我们需确定每期的补货量使库存系统在 n 期结束后总的库存运作成本最低. 显然, 要做到这一点, 每次的补货量应恰好满足本期及未来若干期的市场需求, 而且库存量为零时进行补货.

对该库存系统, 我们给出两类方法.

1. *动态规划方法*

根据前面的分析, 若在第 t 期进行补货, 则第 t 期的补货量恰好满足未来 i 期的市场需求, 即补货量为 $Q_t = \sum\limits_{j=0}^{i-1} D_{t+j}$, 其中 $1 \leqslant i \leqslant n-(t-1)$. 从而, 该补货周期内总的库存运作成本为

$$K + hD_{t+1} + 2hD_{t+2} + \cdots + (i-1)hD_{t+i-1} = K + \sum_{j=0}^{i-1} jhD_{t+j}.$$

显然, 在最优补货策略下, 下一补货时刻为第 $t+i$ 期的开始. 我们用 $C(t,i)$ 表示在某补货策略下, 第 t 期的补货量可以满足未来 i 期的市场需求时, 从第 t 期到系统运行结束时的库存运作成本, 用 $C(t+i)$ 表示在某补货策略下从第 $t+i$ 期到系统运行结束时的库存运作成本, 并用 $\overline{C}(t+i)$ 表示在最优补货策略下从第 $t+i$ 期到系统运行结束时的库存运作成本. 则

$$C(t,i) = K + \sum_{j=0}^{i-1} jhD_{t+j} + C(t+i).$$

显然, 若从第 t 期到系统运行结束的补货决策是最优的, 则第 t 期的补货量可以满足未来若干期的市场需求, 不妨设为 i 期, 且第 $t+i$ 期的补货决策应使从该期到系统运行结束的库存成本最低, 即 $C(t+i)$ 应取最小值. 所以, 第 t 期的补货决策问题就是在所有满足未来若干期的补货策略中, 寻求 $1 \leqslant i \leqslant n-t+1$ 使得

$$C(t,i) = K + \sum_{j=0}^{i-1} jhD_{t+j} + \overline{C}(t+i)$$

达到最小. 这样, 第 t 期的补货决策问题就是求解如下优化问题

$$\min_{1 \leqslant i \leqslant n-t+1} \left\{ K + \sum_{j=0}^{i-1} jhD_{t+j} + \overline{C}(t+i) \right\}.$$

这是一个动态规划问题. 在该模型中, 前一个节点的补货策略必然影响下一节点的补货策略, 而一旦找到第一期, 也就是 $t=1$ 时的最优补货决策, 整个问题就解决了. 为此, 我们先求最后一个节点的最优补货策略, 然后逆向求出前一个节点的最优补货策略, 直至求出第一个节点的最优补货策略. 下面通过一个具体的例子给出该算法.

例 4.2.1 设某库存系统的运行时间为 $T=6$, 各期的市场需求量 (单位: 吨) 分别为 235, 147, 208, 191, 156, 94. 每次的补货启动费用为 800 元, 每期内每吨物品的持货成本为 3 元. 试求该系统的最优补货决策.

解 首先, 对 $t=6$, 在该期的初始选择补货时只有一种选择: 满足当前期的市场需求. 故若第六期选择补货, 则从该期到系统运行结束的最优库存运作成本为

$$\overline{C}(6) = \min_{1 \leqslant i \leqslant 1} \{K + \overline{C}(7)\} = 800.$$

这说明, 如果在第六期的初始选择补货, 则该期的最优补货量为 94 吨, 从第六期到系统运行结束产生的总的最低库存运作成本为 800 元.

对 $t=5$, 在该期的初始选择补货时有两种选择: 满足当前期的市场需求, 满足未来 2 期的市场需求. 这样, 若在第五期的初始选择补货, 则从该期到系统运行结束产生的最低库存运作成本为

$$\begin{aligned}
\overline{C}(5) &= \min_{1 \leqslant i \leqslant 2} \left\{ K + \sum_{j=0}^{i-1} jhD_{5+j} + \overline{C}(5+i) \right\} \\
&= \min\{K + \overline{C}(6), K + hD_6 + \overline{C}(7)\} \\
&= \min\{800 + 800, 800 + 3 \times 94 + 0\} \\
&= 1082, \quad i = 2.
\end{aligned}$$

这说明, 如果第五期的初始剩余库存量为零, 则该期的最优补货量为未来 2 期, 即第五、六期的市场需求量之和 $156+94=250$ 吨. 从第五期到系统运行结束产生的最低库存运作成本为 1082 元.

对于 $t=4$, 在该期的初始选择补货时有三种选择: 满足当前期的市场需求, 满足未来 2 期或 3 期的市场需求. 这样, 若在第四期选择补货, 则从该期到系统运行结束产生的最低库存运作成本为

$$\begin{aligned}\overline{C}(4) &= \min_{1\leqslant i\leqslant 3}\left\{K+\sum_{j=0}^{i-1} jhD_{4+j}+\overline{C}(4+i)\right\}\\ &=\min\{K+\overline{C}(5), K+hD_5+\overline{C}(6), K+hD_5+2hD_6+\overline{C}(7)\}\\ &=\min\{800+1082, 800+3\times 156+800, 800+3\times 156+2\times 3\times 94+0\}\\ &=1832,\quad i=3.\end{aligned}$$

这就是说, 如果第四期的初始剩余库存量为零, 则该期的最优补货量为未来 3 期, 即第四、五、六期的需求量之和 $191+156+94=441$ 吨. 从第四期到系统运行结束产生的总的最低库存运作成本为 1832 元.

对于 $t=3$, 在该期的初始选择补货时有四种选择: 满足当前期的市场需求, 满足未来 2 期或 3 期或 4 期的市场需求. 这样, 若在第三期的初始选择补货, 从该期到系统运行结束产生的最优库存运作成本为

$$\begin{aligned}\overline{C}(3) &= \min_{1\leqslant i\leqslant 4}\left\{K+\sum_{j=0}^{i-1} jhD_{3+j}+\overline{C}(3+i)\right\}\\ &=\min\{K+\overline{C}(4), K+hD_4+\overline{C}(5), K+hD_4+2hD_5+\overline{C}(6),\\ &\quad K+hD_4+2hD_5+3hD_6+\overline{C}(7)\}\\ &=\min\{800+1832, 800+3\times 191+1082, 800+3\times 191\\ &\quad +2\times 3\times 156+800, 800+3\times 191+2\times 3\times 156+3\times 3\times 94\}\\ &=2455,\quad i=2.\end{aligned}$$

这说明, 如果第三期的初始剩余库存量为零, 则该期的最优补货量为未来 2 期, 即第三、四期的需求量之和 $208+191=399$ 吨, 从该期到系统运行结束产生的总的最低库存运作成本为 2455 元.

对于 $t=2$, 在该期的初始选择补货时有五种选择: 满足当前期的市场需求, 满足未来 2 期或 3 期或 4 期或 5 期的市场需求. 这样, 若在第二期的初始选择补货, 则从该期到系统运行结束产生的最低库存运作成本为

$$
\begin{aligned}
\overline{C}(2) &= \min_{1\leqslant i\leqslant 5}\left\{K+\sum_{j=0}^{i-1} jhD_{2+j}+\overline{C}(2+i)\right\}\\
&= \min\{K+\overline{C}(3), K+hD_3+\overline{C}(4), K+hD_3+2hD_4+\overline{C}(5),\\
&\quad K+hD_3+2hD_4+3hD_5+\overline{C}(6),\\
&\quad K+hD_3+2hD_4+3hD_5+4hD_6+\overline{C}(7)\}\\
&= \min\{800+2455, 800+3\times 208+1832,\\
&\quad 800+3\times 208+2\times 3\times 191+1082,\\
&\quad 800+3\times 208+2\times 3\times 191+3\times 3\times 156+800,\\
&\quad 800+3\times 208+2\times 3\times 191+3\times 3\times 156+4\times 3\times 94+0\}\\
&= 3255, \quad i=1.
\end{aligned}
$$

这说明, 如果在第二期的初始选择补货, 则该期的最优补货量为当前期, 即第二期的需求量 147 吨, 从该期到系统运行结束产生的最低库存运作成本为 3255元.

对于 $t=1$, 在该期的初始选择补货时有六种选择: 满足当前期的市场需求, 满足未来 2 期或 3 期或 4 期或 5 期或 6 期的市场需求. 这样, 在第一期的初始补货时, 从该期到系统运行结束产生的最低库存运作成本, 也就是该库存系统的最低库存运作成本为

$$
\begin{aligned}
\overline{C}(1) &= \min_{1\leqslant i\leqslant 6}\left\{K+\sum_{j=0}^{i-1} jhD_{1+j}+\overline{C}(1+i)\right\}\\
&= \min\{K+\overline{C}(2), K+hD_2+\overline{C}(3), K+hD_2+2hD_3+\overline{C}(4),\\
&\quad K+hD_2+2hD_3+3hD_4+\overline{C}(5),\\
&\quad K+hD_2+2hD_3+3hD_4+4hD_5+\overline{C}(6),\\
&\quad K+hD_2+2hD_3+3hD_4+4hD_5+5hD_6+\overline{C}(7)\}\\
&= \min\{800+3255, 800+3\times 147+2455, 800+3\times 147\\
&\quad +2\times 3\times 208+1832, 800+3\times 147+2\times 3\times 208+3\times 3\times 191+1082,\\
&\quad 800+3\times 147+2\times 3\times 208+3\times 3\times 191+4\times 3\times 156+800,\\
&\quad 800+3\times 147+2\times 3\times 208+3\times 3\times 191+4\times 3\times 156+5\times 4\times 94+0\}\\
&= 3696, \quad i=2.
\end{aligned}
$$

这说明, 第一期的最优补货量为未来 2 期, 即第一、二期的市场需求量之和 $235+147=382$, 从第一期到系统运行结束产生的最低库存运作成本为 3696 元.

反向逆推, 可得该库存系统的最优补货决策: 在第一期进行补货, 补货量为 382 吨, 它可满足第一、二期的市场需求. 然后在第三期进行补货, 补货量为 399 吨, 它可满足第三、四期的市场需求, 最后在第五期进行补货, 补货量为 250 吨, 它可满足第五、六期的市场需求. 对上述最优补货决策, 总的库存运作成本为 3696元.

2. 一些启发式算法

由前面给出的动态规划方法可得带分期需求的订单批量模型的最优补货策略, 但计算量很大. 为此, 人们建立了一些启发式方法.

3. 经济订单批量参考法

经济订单批量模型的最优补货量为 $Q^{\mathrm{EOQ}}=\sqrt{2\lambda K/h}$. 对分期需求库存模型, 容易计算运行期内单位周期的平均市场需求

$$\lambda=\frac{1}{T}\sum_{t=1}^{n}D_t$$

及相应的经济订单批量 Q^{EOQ}. 据此可得该模型下的经济订单批量

$$Q^{\mathrm{EOQ}}=\sqrt{2\lambda K/h}.$$

考虑到补货时机的不可调性, 我们将上述值作为该库存系统的订单批量的参考值. 具体操作如下: 从 D_1 开始向后累加, 在所有满足未来若干期市场需求的量中, 选取最靠近 Q^{EOQ} 的那个值作为该补货周期的订单批量. 对剩下的补货批次, 重复上述过程直至所有批次的订单批量都被确定.

下面以前面的例 4.2.1 为例进行说明.

在该例中, $n=6$, 各期的市场需求量分别为 235, 147, 208, 191, 156, 94. 则库存系统的平均市场需求为

$$\lambda=\frac{235+147+208+191+156+94}{6}\approx 171.83.$$

对应的经济订单批量为 $Q^{\mathrm{EOQ}}=\sqrt{\dfrac{2\times 171.83\times 800}{3}}\approx 302.73.$

据此, 我们从第一期开始依次向后累加直至出现与 302.73 相近的订单:

$$D_1=235<302.73,\quad D_1+D_2=382>302.73.$$

无疑前者更靠近 302.73. 所以选择 $Q_1=235$.

然后, 从第二期开始, $D_2=147<302.73, D_2+D_3=355>302.73$. 选择 $Q_2=355$. 它可以满足第二、三期的市场需求.

再从第四期开始, $D_4 = 191 < 302.73$, $D_4 + D_5 = 347 > 302.73$. 选择 $Q_3 = 347$. 它可以满足第四、五期的需求.

最后, 只剩下第六期, 自然我们取 $Q_4 = D_6 = 94$.

该补货策略下的总的库存运作成本为 $800+800+208\times3+800+156\times3+800 = 4292$ 元, 与前面的动态规划方法给出的补货策略的库存费用 3696 元相比, 增加了 16%.

4. 单位时间运作成本最小法

该方法主要基于单位时间内运作成本尽量低. 该方法从 $t=1$ 开始, 依次计算补货量满足前 1 期, 前 2 期, 前 3 期, $\cdots$ 的市场需求补货决策下单位时间的库存运作成本, 一旦出现该成本上涨, 就取其作为第一期的补货量. 然后再从剩余的最早一期开始重复上述过程. 具体操作如下:

先在第一期进行补货, 其补货量满足未来 i 期的市场需求, 其中 i 待定. 记该补货周期内单位时间的库存运作成本为

$$A(1,i) = \left(K + \sum_{j=0}^{i-1} jhD_{1+j}\right)\Big/ i.$$

依次比较 $A(1,1), A(1,2), A(1,3), \cdots$ 的大小. 若 $A(1,1) < A(1,2)$, 则取 $Q_1 = D_1$ 作为第一期的补货量, 然后在第二期进行补货; 若 $A(1,1) > A(1,2) < A(1,3)$, 则取 $Q_1 = D_1 + D_2$ 作为第一期的补货量, 然后在第三期进行补货; 若 $A(1,1) > A(1,2) > A(1,3) < A(1,4)$, 则取 $Q_1 = D_1 + D_2 + D_3$ 作为第一期的补货量, 然后在第四期进行补货, $\cdots$. 重复上述过程, 直至所有批次的订单批量都被确定.

5. 单位物品运作成本最小法

该方法是寻求使单位物品的库存运作成本尽量低的补货决策. 设在第 t 期的开始进行补货, 其补货量满足未来 i 期的市场需求, 其中 i 待定. 用 $B(t,i)$ 表示该补货周期内单位物品的运作成本, 即

$$B(t,i) = \left(K + \sum_{j=0}^{i-1} jhD_{t+j}\right)\Big/ \sum_{j=0}^{i-1} D_{t+j}.$$

与方法 2 类似, 依次比较 $B(1,1), B(1,2), B(1,3), \cdots$ 的大小. 若 $B(1,1) < B(1,2)$, 则取 $Q_1 = D_1$ 作为第一期的补货量, 然后在第二期进行补货; 若 $B(1,1) > B(1,2) < B(1,3)$, 则取 $Q_1 = D_1 + D_2$ 作为第一期的补货量, 然后在第三期进行补货; 若 $B(1,1) > B(1,2) > B(1,3) < B(1,4)$, 则取 $Q_1 = D_1 + D_2 + D_3$ 作为第

一期的补货量, 然后在第四期进行补货, $\cdots$. 重复上述过程, 直至所有批次的订单批量都被确定.

6. 单位时间的持货成本和补货启动费用平衡法

在经济订单批量模型中, 我们通过加大补货量来降低单位物品的补货启动费用, 而通过减少补货量来降低持货成本. 根据经济订单批量模型分析, 在两者相等时可使单位时间的库存运作成本最低. 基于此, 在确定补货量时, 通过依次增加补货量比较单位时间的补货启动费用和单位时间的持货成本, 取它们比较靠近时对应的补货量为订单批量. 具体做法如下.

设从第 t 期的开始进行补货, 其补货量满足未来 i 期的市场需求. 对 $i = 1,2,3,\cdots$, 依次比较对应补货周期内单位时间的补货启动费用和持货成本, 取这两个值最靠近时对应的 i 为补货量满足的期数.

下面以前面的例 4.2.1 为例进行说明. 对第 $t=1$ 期, 若补货量只满足第一期的市场需求, 则补货启动费用为 800, 持货成本为零.

若第一期的补货量满足第一、二期的市场需求, 则单位时间的持货成本为 $\dfrac{3\times 147}{2} = 220.5$, 而单位时间的补货启动费用为 $800/2 = 400$.

若第一期的补货量满足第一、二、三期的市场需求, 则单位时间的持货成本为

$$\frac{3\times 147 + 3\times 2\times 206}{3} = 559,$$

而单位时间的补货启动费用为 $800/3 \approx 266.7$. 相比而言, 补货量为前 2 期的需求量之和时, 两个量更为靠近, 故取第一期的补货量为 $Q_1 = 235 + 147 = 382$. 以后用同样的方式确定第三期及以后各期的补货量.

4.3　带补货能力限制的分期需求订单批量模型

对有限期订单批量模型, 以前假定补货能力无限大, 也就是补货时对补货量没有限制. 而在实际中, 由于货源和流动资金的限制, 以及运输能力和仓库储存能力的局限, 因此补货量受到很大的限制, 以至于零售商在补货时需要将补货能力考虑在内.

对该库存系统, 仍假设补货时机为每期的开始, 补货提前期为零, 不允许缺货, 并设该库存系统的运行周期数为 n, 各期的最大补货能力和需求量分别为 R_1, R_2, $\cdots$, R_n, D_1, D_2,$\cdots$,D_n.

显然, 要保证库存系统正常运转, 也就是不缺货, 上述参数需满足

$$\sum_{i=1}^{t} D_i \leqslant \sum_{i=1}^{t} R_i, \quad t = 1, 2, \cdots, n.$$

下面在上述条件下, 给出该问题的一个启发式算法. 其出发点是, 先建立一个每一期都需要补货的初始补货决策 (未必可行), 然后通过调整补货量使得该补货策略可行, 最后通过减少补货次数降低库存运作成本.

第一步: 寻求初始补货策略.

令

$$Q_i = \min\{D_i, R_i\}, \quad i = 1, 2, \cdots, n.$$

第二步: "顺向查, 逆向调", 将初始补货策略变得可行.

从 $i = 1$ 开始顺向找出第一个不满足需求的期数, 即逐一比较 D_i 和 R_i 的大小. 一旦出现 $D_i > R_i$, 则说明该期的补货能力不足以维持该期的需求. 为此, 逆序找出第一个带剩余补货能力的订单, 即增加最靠近缺货期且有剩余补货能力的运行期的补货量使新增加的补货量可以满足有缺货量的后面期的需求. 根据模型假设, 该调整过程可以一直执行到最后一期.

这样, 得到该库存系统的初始可行补货策略. 其特点是在每期均需要补货, 所以补货启动费用较高. 下面我们通过减少补货次数来降低该费用, 以达到降低库存运作成本的目的.

第三步: "逆向查, 顺向调", 将可行解逐步调优.

原则是"邻近调整". 具体地, 从最后一期开始逆序找出第一个带有剩余补货能力的运行周期. 在保证库存系统正常运行的前提下, 依次将某期中的全部补货量调整到前面临近期有剩余补货能力的订单中. 若这样可降低库存运作成本, 则调整相应的补货量, 并减少一次补货, 否则不做调整. 重复上述过程, 直至第一期.

下面通过具体例子给出该库存系统的求解过程.

例 4.3.1 设库存系统的决策时间为 $T = 6$, 各期的市场需求量分别为

$$D_1 = 235, \quad D_2 = 147, \quad D_3 = 208, \quad D_4 = 191, \quad D_5 = 186, \quad D_6 = 52.$$

各期的补货能力为

$$R_1 = 400, \quad R_2 = 160, \quad R_3 = 200, \quad R_4 = 400, \quad R_5 = 180, \quad R_6 = 50.$$

每次的补货启动费用为 800 元, 每期内单位物品的持货成本为 3 元.

解 第一步, 求初始解.

取每一期的补货量 $Q_i = \min\{D_i, R_i\}$, $i = 1, 2, \cdots, 6$. 该策略对应的有关信息如表 4.3.1 所示.

表 4.3.1

$D_1 = 235$	$D_2 = 147$	$D_3 = 208$	$D_4 = 191$	$D_5 = 186$	$D_6 = 52$
$R_1 = 400$	$R_2 = 160$	$R_3 = 200$	$R_4 = 400$	$R_5 = 180$	$R_6 = 50$
$Q_1 = 235$	$Q_2 = 147$	$Q_3 = 200$	$Q_4 = 191$	$Q_5 = 180$	$Q_6 = 50$

第二步, 寻求初始可行解.

从 $i = 1$ 开始依次比较 Q_i 和 D_i 的大小, 找出第一个满足 $D_i > Q_i$ 的指标. 这里, 第一个这样的指标为 $i = 3$. 也就是第三期的市场需求能力大于该期的最大补货能力, 缺货量为 8. 考虑到持货成本, 我们将这 8 个单位的缺货转移到第二期的订单中. 这样, 便得到如下补货策略 (表 4.3.2).

表 4.3.2

$D_1 = 235$	$D_2 = 147$	$D_3 = 208$	$D_4 = 191$	$D_5 = 186$	$D_6 = 52$
$R_1 = 400$	$R_2 = 160$	$R_3 = 200$	$R_4 = 400$	$R_5 = 180$	$R_6 = 50$
$Q_1 = 235$	$Q_2 = 155$	$Q_3 = 200$	$Q_4 = 191$	$Q_5 = 180$	$Q_6 = 50$

继续向后检查. 第五期的补货能力比市场需求少 6. 将这 6 个单位的缺货补充到第四期的订单中, 便得到又一补货调整策略 (表 4.3.3).

表 4.3.3

$D_1 = 235$	$D_2 = 147$	$D_3 = 208$	$D_4 = 191$	$D_5 = 186$	$D_6 = 52$
$R_1 = 400$	$R_2 = 160$	$R_3 = 200$	$R_4 = 400$	$R_5 = 180$	$R_6 = 50$
$Q_1 = 235$	$Q_2 = 155$	$Q_3 = 200$	$Q_4 = 197$	$Q_5 = 180$	$Q_6 = 50$

到最后一期, 其最大补货能力小于市场需求. 将该期的缺货调整到有剩余补货能力的第四期的订单中, 便得到如下可行的补货决策 (表 4.3.4).

表 4.3.4

$D_1 = 235$	$D_2 = 147$	$D_3 = 208$	$D_4 = 191$	$D_5 = 186$	$D_6 = 52$
$R_1 = 400$	$R_2 = 160$	$R_3 = 200$	$R_4 = 400$	$R_5 = 180$	$R_6 = 50$
$Q_1 = 235$	$Q_2 = 155$	$Q_3 = 200$	$Q_4 = 199$	$Q_5 = 180$	$Q_6 = 50$

第三步, 对初始可行策略逐步调优.

从最后一期开始, 逆序找出第一个带有剩余补货能力的运行周期的订单, 并在保证库存系统正常运行的前提下将其后最近的补货量前置, 并考察由此带来的库存运作成本的变化.

对该库存系统, 将第五期的订单调整到第四期. 则新补货策略下, 节省补货启动费用 800 元, 新增持货成本 $3 \times 180 = 540$. 总库存运作成本降低, 接受该调整方案. 这样, 便得到如下补货策略 (表 4.3.5).

表 4.3.5

$D_1 = 235$	$D_2 = 147$	$D_3 = 208$	$D_4 = 191$	$D_5 = 186$	$D_6 = 52$
$R_1 = 400$	$R_2 = 160$	$R_3 = 200$	$R_4 = 400$	$R_5 = 180$	$R_6 = 50$
$Q_1 = 235$	$Q_2 = 155$	$Q_3 = 200$	$Q_4 = 379$	$Q_5 = 0$	$Q_6 = 50$

由于第四期的剩余补货能力 $(400 - 377 = 23)$ 小于第六期的补货量 50, 无法将其前置, 所以不能进行该调整.

再将第二期的订单调整到有剩余补货能力的第一期. 考虑该补货调整减少了补货启动费用 800, 增加了持货成本 $3 \times 155 = 465$. 库存运作成本降低, 接受该调整方案. 其余不能继续调整. 这就是该算法提供的最终补货策略 (表 4.3.6).

表 4.3.6

$D_1 = 235$	$D_2 = 147$	$D_3 = 208$	$D_4 = 191$	$D_5 = 186$	$D_6 = 52$
$R_1 = 400$	$R_2 = 160$	$R_3 = 200$	$R_4 = 400$	$R_5 = 180$	$R_6 = 50$
$Q_1 = 390$	$Q_2 = 0$	$Q_3 = 200$	$Q_4 = 379$	$Q_5 = 0$	$Q_6 = 50$

需要说明的是, 上述算法给出的补货策略并不是最优的. 如在上面的初始补货策略调整中, 如果将第六期的补货量 50 前置到第四期, 则增加持货成本 $2 \times 3 \times 50 = 300$, 相比第五期的补货量前置得到的持货成本 $3 \times 180 = 540$ 明显减小. 从而, 一个更好的补货策略如表 4.3.7 所示.

表 4.3.7

$D_1 = 235$	$D_2 = 147$	$D_3 = 208$	$D_4 = 191$	$D_5 = 186$	$D_6 = 52$
$R_1 = 400$	$R_2 = 160$	$R_3 = 200$	$R_4 = 400$	$R_5 = 180$	$R_6 = 50$
$Q_1 = 390$	$Q_2 = 0$	$Q_3 = 200$	$Q_4 = 249$	$Q_5 = 180$	$Q_6 = 0$

第 5 章 随机库存系统

若库存系统中带有随机参数, 则称其为随机库存系统. 本章主要考虑随机库存系统的服务水平、安全库存的设置及其最优补货策略.

5.1 补货点的服务水平

对 (Q,r) 库存系统, 如果补货提前期内的市场需求是随机的, 那么无论设置什么样的补货点, 都有可能出现缺货. 下面针对不同的补货点, 计算其服务水平.

先考虑市场需求服从离散分布的情形. 设补货提前期内的市场需求 D 服从如下概率分布

$$\Pr(D=n)=p_n, \quad n=0,1,\cdots.$$

则对补货点为 r, 补货提前期内不缺货的概率, 也就是补货点为 r 时的第一类服务水平为

$$\alpha=\Pr(D\leqslant r)=\sum_{n=0}^{r}p_n.$$

下面计算补货点 r 时的第二类服务水平. 对此, 补货提前期内被满足的需求量为 $\min\{r,D\}$. 它是一个随机变量, 其期望值为

$$\begin{aligned}
N(r)&=E(\min\{r,D\})\\
&=\sum_{n=0}^{\infty}\min\{r,n\}\Pr(D=n)\\
&=\sum_{n=0}^{r}np_n+\sum_{n=r+1}^{\infty}rp_n\\
&=\sum_{n=0}^{r}np_n+r\left(1-\sum_{n=0}^{r}p_n\right)\\
&=r+\sum_{n=0}^{r}(n-r)p_n.
\end{aligned}$$

显然, 补货提前期内的市场需求均值, 即 D 的数学期望值为

$$E(D) = \sum_{n=0}^{\infty} np_n.$$

所以, 第二类服务水平为

$$\beta = \frac{N(r)}{E(D_L)}.$$

例 5.1.1 设补货提前期内的市场需求服从如下概率分布 (表 5.1.1).

表 5.1.1

D	20	30	40	50	60	70	80	90	100
P_n	0.05	0.07	0.09	0.10	0.15	0.20	0.16	0.11	0.07

试计算补货提前期内补货点 $r = 70$ 时的服务水平.

解 容易计算, 补货提前期内补货点为 $r = 70$ 时的第一类服务水平为

$$\alpha = P_{20} + P_{30} + \cdots + P_{70} = 0.66.$$

补货提前期内市场需求的期望值为

$$E(D_L) = 20 \times P_{20} + 30 \times P_{30} + \cdots + 100 \times P_{100} = 64.4.$$

补货提前期内被满足的市场需求的期望值为

$$N(70) = 70 - 50 \times P_{20} - 40 \times P_{30} - \cdots - 0 \times P_{70} = 58.5.$$

所以, 补货提前期内补货点 $r = 70$ 对应的第二类服务水平为

$$\beta = \frac{58.5}{64.4} \approx 90.8\%.$$

下面考虑补货提前期内的市场需求服从连续分布时的情形.

设补货提前期内市场需求 D 的概率密度函数为 $f(x)$. 由概率论的知识, 对补货点 r, 第一类服务水平为

$$\alpha = \Pr(D \leqslant r) = \int_0^r f(x)\mathrm{d}x.$$

下面计算补货点的第二类服务水平. 对此, 被满足的市场需求量为 $\min\{r, D\}$, 其数学期望值为

$$\begin{aligned}
N(r) &= E(\min\{r, D\}) \\
&= \int_0^{\infty} \min\{r, x\} f(x)\mathrm{d}x \\
&= \int_0^{r} x f(x)\mathrm{d}x + \int_r^{\infty} r f(x)\mathrm{d}x \\
&= \int_0^{r} x f(x)\mathrm{d}x + r\left(1 - \int_0^{r} f(x)\mathrm{d}x\right) \\
&= r + \int_0^{r} (x - r) f(x)\mathrm{d}x.
\end{aligned}$$

补货提前期内市场需求的均值为

$$E(D) = \int_0^{\infty} x f(x)\mathrm{d}x.$$

所以, 该补货点的第二类服务水平为

$$\beta = \frac{N(r)}{E(D)}.$$

特别地, 如果补货提前期内的市场需求量 D 服从正态分布 $N(\mu, \sigma^2)$, 即补货提前期内市场需求的概率密度函数为 $f(x) = \dfrac{1}{\sqrt{2\pi}\sigma}\mathrm{e}^{-\frac{(x-\mu)^2}{2\sigma^2}}$, 则补货提前期内补货点 r 的第一类服务水平为

$$\alpha = \Pr(D \leqslant r) = \int_{-\infty}^{r} \frac{1}{\sqrt{2\pi}\sigma}\mathrm{e}^{-\frac{(x-\mu)^2}{2\sigma^2}}\mathrm{d}x.$$

引入线性变换 $z = \dfrac{x-\mu}{\sigma}$, 上式可化为

$$\alpha = \int_{-\infty}^{\frac{r-\mu}{\sigma}} \frac{1}{\sqrt{2\pi}}\mathrm{e}^{-\frac{z^2}{2}}\mathrm{d}z.$$

对于第二类服务水平, 补货提前期内被满足的市场需求量的均值为

$$\begin{aligned}
N(r) &= \int_0^{\infty} \min\{r, x\} f(x)\mathrm{d}x \\
&= \int_0^{r} x f(x)\mathrm{d}x + \int_r^{\infty} r f(x)\mathrm{d}x \\
&= \int_0^{r} x f(x)\mathrm{d}x + \int_r^{\infty} x f(x)\mathrm{d}x - \int_r^{\infty} x f(x)\mathrm{d}x + \int_r^{\infty} r f(x)\mathrm{d}x
\end{aligned}$$

$$= \int_0^{\infty} xf(x)\mathrm{d}x - \int_r^{\infty} (x-r)f(x)\mathrm{d}x$$

$$= \int_0^{\infty} \frac{x}{\sqrt{2\pi}\sigma}\mathrm{e}^{-\frac{(x-\mu)^2}{2\sigma^2}}\mathrm{d}x - \int_r^{\infty} \frac{x-r}{\sqrt{2\pi}\sigma}\mathrm{e}^{-\frac{(x-\mu)^2}{2\sigma^2}}\mathrm{d}x.$$

引入线性变换 $z = \dfrac{x-\mu}{\sigma}$ 和函数 $g(z) = \dfrac{1}{\sqrt{2\pi}}\mathrm{e}^{-\frac{z^2}{2}}$. 则

$$N(r) = \int_{-\mu/\sigma}^{\infty} \frac{z\sigma+\mu}{\sqrt{2\pi}}\mathrm{e}^{-\frac{z^2}{2}}\mathrm{d}z - \int_{(r-\mu)/\sigma}^{\infty} \frac{z\sigma+\mu-r}{\sqrt{2\pi}}\mathrm{e}^{-\frac{z^2}{2}}\mathrm{d}z$$

$$= \int_{-\mu/\sigma}^{\infty} (z\sigma+\mu)g(z)\mathrm{d}z - \int_{(r-\mu)/\sigma}^{\infty} (z\sigma+\mu-r)g(z)\mathrm{d}z$$

$$= \sigma\left(\int_{-\mu/\sigma}^{\infty} (z+\mu/\sigma)g(z)\mathrm{d}z - \int_{(r-\mu)/\sigma}^{\infty} \left(z+\frac{\mu-r}{\sigma}\right)g(z)\mathrm{d}z\right)$$

$$= \sigma\left(\int_{-\mu/\sigma}^{\infty} (z-(-\mu/\sigma))g(z)\mathrm{d}z - \int_{(r-\mu)/\sigma}^{\infty} \left(z-\frac{r-\mu}{\sigma}\right)g(z)\mathrm{d}z\right).$$

再利用

$$E(D) = \int_0^{\infty} xf(x)\mathrm{d}x = \sigma\int_{-\mu/\sigma}^{\infty} (z-(-\mu/\sigma))g(z)\mathrm{d}z,$$

可得补货点 r 的第二类服务水平.

5.2 补货点的设置——安全库存

对确定型库存系统, 补货点可完全满足补货提前期内的市场需求. 但对随机库存系统, 企业须设置较高的补货点才能保证高的服务水平. 显然, 这会引起库存成本的增加. 为此, 零售商在提高服务水平和库存成本之间进行平衡, 这就引出了安全库存 (Safe Stock, SS) 的概念.

对随机库存, 不妨设补货提前期内的市场需求服从正态分布. 那么, 如果补货点设置为补货提前期内市场需求的均值, 则在补货提前期内缺货和有剩余的可能性各占一半. 也就是说, 这样设置补货点会有 50% 的可能性缺货. 为提高服务水平, 商家需在补货提前期内市场需求均值的基础上追加一定的库存. 这追加的部分就是安全库存. 它是为应付补货提前期内市场需求的不确定性而设置的缓冲库存. 显然, 较高的安全库存可以降低缺货惩罚成本, 提高服务水平, 但同时增加了商家的库存成本. 因此, 企业必须在库存收益和库存缺货惩罚成本之间进行权衡, 设置合理的安全库存.

影响安全库存的因素主要有三个：市场需求、补货提前期和服务水平．一般地，市场需求量变化越大，安全库存量就越大；补货提前期的不确定性越大，补货提前期内缺货的风险就越高，安全库存量也越大；商家的服务水平越高，安全库存量就越大．

服务水平和安全库存之间遵循报偿递增原则，即服务水平越接近 100%，安全库存量随服务水平的增加越快．见图 5.2.1．具体地，将服务水平从 85% 提高到 90% 可能不需要追加很大的安全库存量，而把服务水平从 90% 提高到 95%，则需要追加很大的安全库存量．所以，在库存管理中，要保证随时都能满足市场需求不仅是极其困难的，而且要付出很大的代价．这就是说，对于随机库存系统，不缺货的策略是不经济的．基于此，一个合理的库存管理策略是在保证一定服务水平的前提下允许缺货存在．大多数企业也因此设有一个可以接受的合理的缺货量．

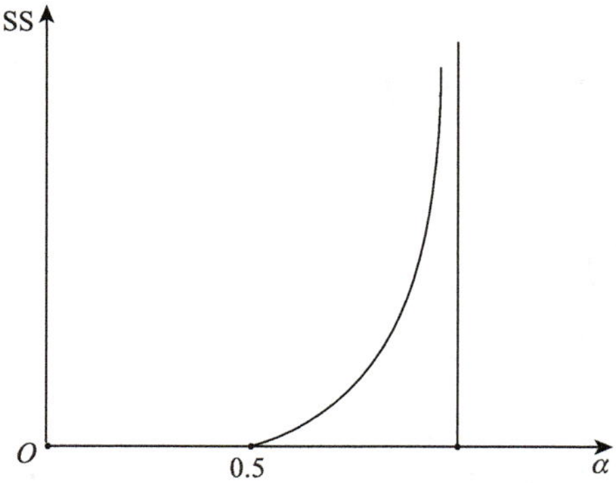

图 5.2.1 安全库存与服务水平

下面在市场需求量和补货提前期分别服从正态分布的条件下，分情况讨论给定服务水平下的安全库存量．

1. 补货提前期固定，市场需求随机

设补货提前期内单位时间的市场需求服从均值为 μ_d、标准方差为 σ_d 的正态分布．不妨设补货提前期内含有 L 个时间段，而各个时间段的市场需求相互独立．由概率论的知识，补货提前期内的市场需求 D 服从数学期望为 $L\mu_d$、标准差为 $\sigma_d\sqrt{L}$ 的正态分布．设 SS 为对应于服务水平 α 的安全库存量．则补货提前期内的需求均值 $L\mu_d$ 连同安全库存 SS 恰好保证补货提前期内的服务水平 α，即

$$\alpha = \Pr(D \leqslant L\mu_d + \mathrm{SS}).$$

由于市场需求服从正态分布, 则上式化为

$$\alpha=\int_{-\infty}^{\mathrm{SS}+L\mu_d}\frac{1}{\sqrt{2\pi L}\sigma_d}\mathrm{e}^{-\frac{(x-L\mu_d)^2}{2\sigma_d^2 L}}\mathrm{d}x.$$

引入线性变换 $y=\dfrac{x-L\mu_d}{\sigma_d\sqrt{L}}$ 得

$$\alpha=\int_{-\infty}^{\frac{\mathrm{SS}}{\sigma_d\sqrt{L}}}\frac{1}{\sqrt{2\pi}}\mathrm{e}^{-\frac{y^2}{2}}\mathrm{d}y.$$

进而有

$$\alpha=0.5+\int_{0}^{\frac{\mathrm{SS}}{\sigma_d\sqrt{L}}}\frac{1}{\sqrt{2\pi}}\mathrm{e}^{-\frac{y^2}{2}}\mathrm{d}y.$$

对于任意的 α, 通过正态分布表可得积分上限 $\dfrac{\mathrm{SS}}{\sigma_d\sqrt{L}}$ 的值, 记为 z, 称为对应于服务水平 α 的安全系数. 利用正态分布表可得不同服务水平下的安全系数, 见表 5.2.1.

表 5.2.1 不同服务水平下的安全系数

顾客服务水平	安全系数	顾客服务水平	安全系数
100.00	3.09	96.00	1.75
99.99	3.08	95.00	1.65
99.87	3.00	90.00	1.28
99.20	2.40	86.00	1.04
99.00	2.33	85.00	1.04
98.00	2.05	84.00	1.00
97.70	2.00	80.00	0.84
97.00	1.88	75.00	0.68

由此, 服务水平 α 对应的安全库存量为

$$\mathrm{SS}=z\sigma_d\sqrt{L}.$$

例 5.2.1 某饭店的啤酒平均日需求量为 10 加仑, 并且啤酒需求情况服从标准差是 2 加仑/天的正态分布. 如果补货提前期是固定的常数 6 天, 试确定满足 95% 的顾客满意度的安全库存.

解 由题意知, 补货提前期内每天的市场需求的标准差为 $\sigma_d=2$ 加仑, 而服务水平 95% 对应的安全系数为 $z=1.65$. 从而安全库存量为

$$\mathrm{SS}=z\sigma_d\sqrt{6}=1.65\times 2\times\sqrt{6}\approx 8.08.$$

即在 95% 的顾客满意度下, 安全库存量是 8.08 加仑.

例 5.2.2 设某公司产品订购的补货提前期固定, 而每月的需求呈正态分布, 提前期内的平均值为 200 台, 标准差为 15 台, 求服务水平 95% 对应的补货点.

解 由题意, $\mu_d = 200$ 台, $\sigma_d = 15$ 台. 服务水平 95% 对应的安全系数为 $z = 1.65$. 从而对应于服务水平 95% 的补货点为

$$R = \mathrm{SS} + \mu_d = \mu_d + z\sigma_d = 200 + 1.65 \times 15 \approx 225.$$

2. 市场需求固定, 补货提前期随机

设补货提前期 L 服从数学期望为 μ_L、标准方差为 σ_L 的正态分布. 则对补货提前期内单位时间的市场需求 D, 对应于服务水平 α 的安全库存 SS 应满足

$$\alpha = \Pr(L \leqslant \mu_L + \mathrm{SS}/D) = \int_{-\infty}^{\mu_L + \mathrm{SS}/D} \frac{1}{\sqrt{2\pi}\sigma_L} \mathrm{e}^{-\frac{(x-\mu_L)^2}{2\sigma_L^2}} \mathrm{d}x.$$

引入线性变换 $y = \dfrac{x - \mu_L}{\sigma_L}$, 得

$$\alpha = \int_{-\infty}^{\frac{\mathrm{SS}}{D\sigma_L}} \frac{1}{\sqrt{2\pi}} \mathrm{e}^{-\frac{y^2}{2}} \mathrm{d}y.$$

类似地,

$$\alpha = 0.5 + \int_{-\infty}^{\frac{\mathrm{SS}}{D\sigma_L}} \frac{1}{\sqrt{2\pi}} \mathrm{e}^{-\frac{y^2}{2}} \mathrm{d}y.$$

从而安全库存的计算公式为

$$\mathrm{SS} = zD\sigma_L.$$

例 5.2.3 在例 5.2.1 中, 啤酒的日需求量为固定的 10 加仑, 补货提前期服从均值为 6 天、标准差为 1.5 的正态分布. 试确定顾客满意度为 95% 时的安全库存量.

解 由题意知: σ_L=1.5 天, $D = 10$ 加仑/天. 对应于服务水平 95% 的安全系数为 $z = 1.65$. 从而该服务水平下的安全库存量为

$$\mathrm{SS} = zD\sigma_L = 1.65 \times 10 \times 1.5 = 24.75(\text{加仑}).$$

例 5.2.4 已知某产品的市场需求为每天 130 个单位. 该产品的补货提前期服从正态分布 $N(5, 2^2)$. 求服务水平为 98% 时的安全库存.

解 根据题意, 每天的市场需求为 D=130, 提前期均值为 $\mu_L = 5$, 标准差为 $\sigma_L = 2$. 对应于服务水平 98% 的安全系数为 $z = 2.05$. 则该服务水平下的安全库存量为

$$\mathrm{SS} = zD\sigma_L = 2.05 \times 130 \times 2 = 533(\text{加仑}).$$

3. 市场需求和补货提前期均是随机的

设单位时间的市场需求和补货提前期是相互独立的随机变量, 补货提前期服从均值为 μ_L、标准方差为 σ_L 的正态分布, 补货提前期内单位时间的市场需求服从均值为 μ_d、标准方差为 σ_d 的正态分布. 则服务水平 α 下的安全库存量为

$$\mathrm{SS}=z\sqrt{\sigma_d^2\mu_L+\mu_d^2\sigma_L^2}.$$

例 5.2.5 在例 5.2.1 中, 假定日需求量和补货提前期是相互独立的, 且日需求量满足均值为 10 加仑、标准差为 2 加仑的正态分布, 补货提前期服从均值为 6 天、标准差为 1.5 天的正态分布. 试确定服务水平为 95% 时的安全库存量.

解 由题意知, $\sigma_d=2$ 加仑, $\sigma_L=1.5$ 天, $\mu_d=10$ 加仑/天, $\mu_L=6$ 天. 服务水平 95% 下的安全系数为 $z=1.65$. 从而该服务水平下的安全库存量为

$$\mathrm{SS}=z\sqrt{\sigma_d^2\mu_L+\mu_d^2\sigma_L^2}=1.65\times\sqrt{2^2\times 6+10^2\times 1.5^2}\approx 26.04.$$

4. 边际分析法

在经济学中, 某项投入的增加一定会带来收益的增加. 为求最优的投入资本, 我们把追加的投入成本和因追加投入产生的收益进行比较. 当追加的投入成本产生的收益大于追加的投入成本时, 选择追加投资, 否则选择放弃追加投资. 这就是边际分析法.

例 5.2.6 设某企业向批发商按 10 的倍数订购货物. 每增加 10 个单位的安全库存, 边际库存费用增加 1200 元. 每次缺货的惩罚费用为 324.5 元. 表 5.2.2 为每增加 10 个单位的安全库存, 可防止的缺货次数及相应的惩罚费用.

表 5.2.2 不同安全库存下的库存成本及可防止的缺货次数

安全库存量	安全库存成本	边际库存成本	可防止的年缺货次数	缺货惩罚成本
10	1200	1200	20	6481.00
20	2400	1200	16	5184.80
30	3600	1200	12	3888.60
40	4800	1200	8	2592.40
50	6000	1200	6	1944.30
60	7200	1200	4	1296.20
70	8400	1200	3	972.15

求最优安全库存量.

解 设安全库存量为 10 个单位, 则它可防止全年的 20 次缺货. 而 20 次缺货产生的惩罚费用为 $324.5\times 20=6490$ 元. 显然, 20 次缺货产生的缺货惩罚费用超

过新增加的 10 个单位安全库存的库存费用 1200 元. 我们选择增加 10 个单位的安全库存.

再考虑在 10 个单位安全库存的基础上追加 10 个单位的安全库存, 也就是将安全库存量设为 20 个单位. 这样企业需增加 1200 元的安全库存费用. 而新增加的 10 个单位的安全库存时可防止全年 16 次缺货, 产生的缺货费用约为

$$324.5 \times 16 = 5192(\text{元}).$$

该费用大于新增加的 10 个单位的安全库存费用 1200 元. 从而企业选择再增加 10 个单位的安全库存. 以此类推, 直到安全库存量为 60.

若在此安全库存量的基础上再增加 10 个单位的安全库存, 则安全库存费用会再增加 1200 元, 它能防止 3 次缺货, 这 3 次缺货产生的缺货惩罚成本为 972 元, 小于 10 个单位安全库存产生的费用, 选择不增加. 故最优的安全库存量为 60.

5.3　单周期随机库存模型——报童模型

单周期库存模型主要有两种. 一种是商品生命周期短、顾客流动性强且市场需求不确定的库存系统. 这其中最典型的是 20 世纪中叶走街串巷的报童或固定在车站码头的报纸杂志商贩. 另一种是不常发生的库存系统, 如圣诞卡、大型展销会、博览会等. 习惯上, 人们称这两种情形下的库存系统为报童模型. 该库存系统可以重复运行, 但前后期之间没有什么关联, 如上一期剩余的物品一般不能推迟到下一期销售, 而上一期的缺货也不影响下一期的市场需求.

报童模型的运行模式是: 只在运行周期的开始补货, 其余时间不再补货, 同时, 在货物销售完毕发生缺货时, 不再发生补货行为, 而对系统运行结束后剩余的物品采用低价回收的方式处理.

对报童模型, 由于市场需求是随机的, 所以补货量恰好满足市场需求的情况很难实现. 这就形成了两难的局面: 补货过多, 在实际需求量较大时可以获得更多的效益, 但在实际需求量很小时会产生物品剩余从而给商家带来效益损失; 如果补货过少, 一旦出现供不应求的情况会使商家失去盈利的机会. 下面从库存收益的角度进行分析.

由于该系统在运行周期内只补一次货, 所以补货启动费用是固定的. 这样在下面的库存收益分析中, 我们略去补货启动费用. 同时, 由于报童模型运行周期短, 故一般假设该库存系统在运行期间不产生持货成本.

为给出报童模型的最优补货策略, 我们给出有关记号. 记商家的补货单价为 c, 销售单价为 b, 未销售完货物的回收价为 w. 显然, $b > c > w$.

下面根据市场需求的分布分情况讨论该库存模型的最优订单批量.

1. 需求量为离散型随机变量

设单周期内的市场需求量 D 服从如下分布:

$$\Pr(D=n)=p_n,\quad n=0,1,\cdots.$$

则对补货量 Q 和市场需求量 D, 零售商的购货成本为 cQ, 销售额为 $b\min\{Q,D\}$, 回收额为 $w\max\{0,Q-D\}$. 基于此, 每期运行结束后的总收益为

$$C(Q)=-cQ+b\min\{Q,D\}+w\max\{0,Q-D\}.$$

由于市场需求是随机的, 所以上述函数是随机的, 其数学期望为

$$\begin{aligned}E[C(Q)]&=-cQ+bE[\min\{Q,D\}]+wE[\max\{0,Q-D\}]\\&=-cQ+b\sum_{n=0}^{\infty}\min\{Q,n\}p_n+w\sum_{n=0}^{\infty}\max\{0,Q-n\}p_n\\&=-cQ+b\sum_{n=0}^{Q}np_n+bQ\left(1-\sum_{n=0}^{Q}p_n\right)+w\sum_{n=0}^{Q}(Q-n)p_n\\&=(b-c)Q-(b-w)\sum_{n=0}^{Q}(Q-n)p_n.\end{aligned}$$

下面用边际分析法确定最优的补货量 Q, 也就是通过分析补货量分别为 Q 和 $Q+1$ 时产生的效益差确定上述数学期望的最大值.

$$\begin{aligned}\Delta E[C(Q)]&\triangleq E[C(Q+1)]-E[C(Q)]\\&=(b-c)-(b-w)\sum_{n=0}^{Q}p_n.\end{aligned}$$

由于 $b>c>w$, 上述差分关于 Q 单调递减. 根据市场需求的概率分布可知, 在 Q 较小时, 上述差为正, 而在 Q 逐渐增大时, 上述差会由正变负并逐渐减小.

相应地, 库存收益的期望值 $E[C(Q)]$ 关于 $Q>0$ 先单调递增再单调递减. 这样, 函数 $E[C(Q)]$ 关于 Q 的最大值点为该函数的拐点. 见图 5.3.1. 从而, 期望值 $E[C(Q)]$ 的最大值点就是使 $\Delta E[C(Q)]\geqslant 0$ 成立的最大的 Q 或使 $\Delta E[C(Q)]\leqslant 0$ 成立的最小的 Q. 对于前者, 只需求使得

$$(b-c)-(b-w)\sum_{n=0}^{Q}p_n\geqslant 0$$

成立, 也就是使得

$$\sum_{n=0}^{Q} p_n \leqslant \frac{b-c}{b-w}$$

成立的最大的 Q. 利用概率分布可求得满足上式的 Q 值.

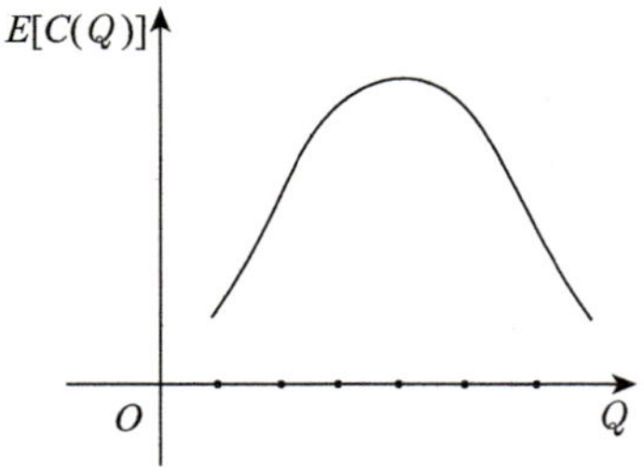

图 5.3.1 报童模型的边际分析

对于报童模型, 上述式子得到的 Q 与补货单价 c、销售单价 b 及回收单价 w 都有关系. 特别地, 如果 $b \gg c > w$, 上述式子告诉我们, Q 应取很大的值, 而当商家盈利很小时, Q 的取值相对保守. 特别地, 若 $\dfrac{b-c}{b-w} = 1/2$, 则 $\sum\limits_{n=0}^{Q} p_n = 0.5$, 也就是单位物品的盈利和单位物品回收时的亏损值相等的时候, 最优补货量为市场需求量的期望值.

例 5.3.1 设在一次性补货的单周期需求库存管理中, 某货物的需求量在 17 件至 26 件之间, 其概率分布如表 5.3.1 所示.

表 5.3.1 市场需求量及相应的概率

需求量	17	18	19	20	21	22	23	24	25	26
概率	0.12	0.18	0.23	0.13	0.10	0.08	0.05	0.04	0.04	0.03

已知货物成本为每件 5 元, 售价为每件 10 元, 回收价为每件 2 元. 问应补货多少, 才能使效益的期望值最大.

解 对该库存系统, 由 $c = 5, b = 10, w = 2$ 知 $\dfrac{b-c}{b-w} = \dfrac{10-5}{10-2} = 0.625$. 利用概率分布表和

$$\mathrm{Pr}(17) + \mathrm{Pr}(18) + \mathrm{Pr}(19) = 0.53 < 0.625,$$
$$\mathrm{Pr}(17) + \mathrm{Pr}(18) + \mathrm{Pr}(19) + \mathrm{Pr}(20) = 0.66 > 0.625$$

知最优补货量 $Q^* = 20$ 件.

2. 市场需求为连续型随机变量

设单周期内的市场需求 D 服从概率密度函数为 $f(x)$ 和分布函数为 $F(x)$ 的概率分布. 根据离散型情况的分析, 对订单批量 Q, 系统运行结束后的总收益为

$$C(Q) = -cQ + b\min\{Q, D\} + w\max\{0, Q-D\}.$$

其期望值为

$$\begin{aligned}
E[C(Q)] &= -cQ + bE[\min\{Q,D\}] + wE[\max\{0,Q-D\}] \\
&= -cQ + b\int_0^{\infty}\min\{Q,x\}f(x)\mathrm{d}x + w\int_0^{\infty}\max\{0,Q-x\}f(x)\mathrm{d}x \\
&= -cQ + b\int_0^{Q}xf(x)\mathrm{d}x + b\int_Q^{\infty}Qf(x)\mathrm{d}x + w\int_0^{Q}(Q-x)f(x)\mathrm{d}x \\
&= -cQ + b\int_0^{Q}xf(x)\mathrm{d}x + bQ\left(1-\int_0^{Q}f(x)\mathrm{d}x\right)+w\int_0^{Q}(Q-x)f(x)\mathrm{d}x \\
&=(b-c)Q-(b-w)\int_0^{Q}(Q-x)f(x)\mathrm{d}x.
\end{aligned}$$

由于该函数的导数满足

$$\begin{aligned}
E'[C(Q)] &=(b-c)-(b-w)\int_0^{Q}f(x)\mathrm{d}x, \\
E''[C(Q)] &=(w-b)f(Q)\leqslant 0,
\end{aligned}$$

故 $E[C(Q)]$ 关于 Q 为凹函数. 其导数零点

$$(b-c)-(b-w)\int_0^{Q}f(x)\mathrm{d}x=0$$

为最优补货量, 即 Q 满足

$$\int_0^{Q}f(x)\mathrm{d}x=\frac{b-c}{b-w}.$$

根据概率论的知识, 该式可写成

$$Q^*=F^{-1}\left(\frac{b-c}{b-w}\right).$$

5.4　带库存的报童模型

本节考虑带库存的报童模型，即含有初始库存的报童模型. 由于该库存系统的初始库存量不为零，故零售商在库存系统运行初始，需要考虑是否补货，并确定需要补货时的补货量. 下面分情况讨论.

1. 市场需求量服从离散型随机分布

对该情形，先考虑在库存系统初始进行补货时的库存收益. 设剩余量为 Q_0，补货量为 Q. 则库存系统运行时的初始库存量为 $S = Q_0 + Q$. 设补货启动费用为 K. 则系统运行结束后的收益为

$$C(S) = -K - c(S - Q_0) + b\min\{S, D\} + w\max\{0, S - D\}.$$

由于市场需求 D 是随机的，因此 $C(S)$ 也是一个随机变量. 对上式取数学期望并进行与报童模型类似的整理过程得

$$\begin{aligned}E[C(S)] &= -K - c(S - Q_0) + bS - (b - w)\sum_{n=0}^{S}(S - n)p_n \\ &= -K + cQ_0 + (b - c)S - (b - w)\sum_{n=0}^{S}(S - n)p_n.\end{aligned}$$

与 5.3.1 小节离散情形的分析类似，可得上述函数的最大值点，也就是最优的库存量为使下式成立的最大的 S，

$$\sum_{n=0}^{S} p_n \leqslant \frac{b - c}{b - w}.$$

记满足上式的最大值为 S^*. 那么，如果剩余库存量 $Q_0 \geqslant S^*$，显然无须补货. 如果 $Q_0 < S^*$，则不能确定是否需要补货，因为一旦确定补货，就需要增加一个补货启动费用，使库存费用产生一个大的跳跃. 为此，我们考虑在库存系统运行初始选择不补货时的库存收益

$$C(Q_0) = b(\min\{Q_0, D\}) + w(\max\{0, Q_0 - D\}).$$

容易计算，其期望值为

$$E[C(Q_0)] = bQ_0 - (b - w)\sum_{n=0}^{Q_0}(Q_0 - n)p_n.$$

显然, 对该库存模型, 最优的补货策略是: 如果 $E[C(Q_0)] \geqslant E[C(S^*)]$, 选择不补货, 否则选择补货.

根据 $C(Q_0)$ 的表达式, $E[C(Q_0)]$ 关于 Q_0 单调递增. 从而当 Q_0 由零逐渐增大时, 上述不等式会由不成立变成立. 这样, 存在满足该不等式的最小值, 记为 Q_0^*, 称其为补货阈值. 如果 $Q_0 \leqslant Q_0^*$, 选择补货, 补货量为 $S^* - Q_0$; 如果 $Q_0 > Q_0^*$, 选择不补货.

2. 市场需求量服从连续型随机分布

同样, 先考虑在系统初始选择补货时的库存收益. 设补货量为 Q, 则系统的起始库存量为 $S = Q_0 + Q$. 设市场需求 D 服从密度函数为 $f(x)$ 的概率分布, 则 $C(S)$ 也是随机变量. 对 $C(S)$ 取数学期望并进行整理得

$$E[C(S)] = -K - c(S - Q_0) + bS - (b - w)\int_0^S (S - x)f(x)\mathrm{d}x.$$

由 $E[C(S)]$ 的一阶和二阶导数

$$E'[C(S)] = (b - c) - (b - w)\int_0^S f(x)\mathrm{d}x,$$
$$E''[C(S)] = (w - b)f(S) < 0$$

知, $E[C(S)]$ 关于 S 是凹函数. 从而由 $E[C(S)]$ 的导数零点得初始最优库存量 S^* 满足

$$\int_0^S f(x)\mathrm{d}x = \frac{b - c}{b - w}.$$

类似地, 如果 $S^* \leqslant Q_0$, 选择不补货. 如果 $S^* > Q_0$, 同样考虑不补货决策下的库存收益

$$C(Q_0) = b(\min\{Q_0, D\}) + w(\max\{0, Q_0 - D\}).$$

其数学期望为

$$E[C(Q_0)] = bQ_0 - (b - w)\int_0^{Q_0} (Q_0 - x)f(x)\mathrm{d}x.$$

同样, 在

$$E[C(Q_0)] \geqslant E[C(S^*)]$$

时, 选择不补货, 否则选择补货.

类似地, 根据 $C(Q_0)$ 的表达式, $E[C(Q_0)]$ 关于 Q_0 单调递增. 这样在 Q_0 由零逐渐增大时, 上述不等式由不成立变成立. 从而存在使得该式成立的最小的 Q_0^*,

即补货阈值. 当 $Q_0 \leqslant Q_0^*$ 时, 选择补货, 补货量为 $S^* - Q_0$; 而当 $Q_0 > Q_0^*$ 时, 选择不补货.

根据上述分析, 对带剩余库存的报童模型, 需要先计算在补货决策下的最优库存量 S^*, 然后据此计算剩余库存量的阈值 Q_0^*. 最后根据 Q_0 和 Q_0^* 之间的大小关系确定是否需要补货, 并根据 S^* 确定补货量的大小.

5.5　有限期随机库存系统

考虑如下库存系统: 系统运行有限期, 不妨设为 N 期, 每一期的市场需求 D_t 服从概率分布

$$\Pr(D_t = n) = p_n^t, \quad n = 0, 1, 2, \cdots, D, \quad t = 1, 2, \cdots, N.$$

设补货时机为每期的开始, 补货启动费用为 K, 无补货提前期, 补货单价为 c, 销售价为 b. 当期销售掉的物品不产生持货成本, 而推迟至下一期销售的物品产生持货成本, 单位物品单位周期的持货成本为 h. 对于缺货, 如果采取缺货不补, 则单位物品的缺货惩罚成本为 p_1; 如果采取缺货回补, 则单位物品单位周期的缺货惩罚成本为 p_2. 系统运行结束后, 剩余物品的价值为零.

根据模型假设, 在每一期运行前需要根据初始库存量确定是否需要补货和需要补货时的补货量. 具体地, 记在第 t 期的初始库存量为 x_t, 而在做出补货决策后的库存量为 y_t. 显然,

$$x_t \leqslant y_t \leqslant \max\{x_t, (N - t + 1)D\}.$$

这样, 第 t 期的补货启动费用为 $K\delta(y_t - x_t)$, 其中,

$$\delta(x) = \begin{cases} 1, & x > 0, \\ 0, & x = 0. \end{cases}$$

该期的补货可变费用为 $c(y_t - x_t)$, 该期的销售毛收入为 $b\max\{y_t, D_t\}$, 持货成本为 $h\max\{0, y_t - D_t\}$, 缺货惩罚成本为 $p_1\max\{0, D_t - y_t\}$ 或 $p_2\max\{0, D_t - y_t\}$. 那么, 针对缺货的不同处理方式, 缺货不补和缺货回补策略下每周期的库存收益期望值分别为

$$\begin{aligned} V_t(y_t) = & -K\delta(y_t - x_t) - c(y_t - x_t) + \sum_{n=0}^{D}(b - c)\min\{y_t, n\}p_n^t \\ & - h\sum_{n=0}^{y_t}(y_t - n)p_n^t - p_1\sum_{n=y_t+1}^{D}(n - y_t)p_n^t, \end{aligned}$$

$$V_t(y_t) = -K\delta(y_t - x_t) - c(y_t - x_t) + \sum_{n=0}^{D}(b-c)\min\{y_t, n\}p_n^t$$
$$- h\sum_{n=0}^{y_t}(y_t - n)p_n^t - p_2\sum_{n=y_t+1}^{D}(n - y_t)p_n^t.$$

下面考虑状态转移, 即下一期的初始库存. 对缺货不补, 下一期的初始库存为

$$x_{t+1} = \max\{0, y_t - D_t\};$$

对缺货回补, 下一期的初始库存为

$$x_{t+1} = y_t - D_t.$$

记 $C_t(x_t)$ 为最优库存决策下从第 t 期到系统结束时的库存收益期望值. 则缺货不补策略下, 从第 t 期到系统运行结束时的收益期望值为

$$\begin{aligned}
C_t(x_t) = &\max_{x_t \leqslant y_t \leqslant \max\{x_t,(N-t+1)D\}} \{\text{第 } t \text{ 期的库存收益期望值} \\
&+ \text{第}(t+1)\text{期至系统结束时的库存收益期望值}\} \\
= &\max_{x_t \leqslant y_t \leqslant \max\{x_t,(N-t+1)D\}} \left\{V_t(y_t) + \sum_{n=0}^{D} C_{t+1}(\max\{0, y_t - n\})p_n^t\right\} \\
= &\max_{x_t \leqslant y_t \leqslant \max\{x_t,(N-t+1)D\}} \left\{\sum_{n=0}^{D} b\min\{y_t, n\}p_n^t - K\delta(y_t - x_t) - c(y_t - x_t)\right. \\
&\left. - h\sum_{n=0}^{y_t}(y_t - n)p_n^t - p_1\sum_{n=y_t+1}^{D}(n - y_t)p_n^t + \sum_{n=0}^{D} C_{t+1}(\max\{0, y_t - n\})p_n^t\right\}.
\end{aligned}$$

同样, 缺货回补策略下, 从第 t 期到系统运行结束时的收益期望值为

$$\begin{aligned}
C_t(x_t) = &\max_{x_t \leqslant y_t \leqslant \max\{x_t,(N-t+1)D\}} \left\{V_t(y_t) - \sum_{n=0}^{D} C_{t+1}(y_t - n)p_n^t\right\} \\
= &\max_{x_t \leqslant y_t \leqslant \max\{x_t,(N-t+1)D\}} \left\{\sum_{n=0}^{D} b\min\{y_t, n\}p_n^t - K\delta(y_t - x_t) - c(y_t - x_t)\right. \\
&\left. - h\sum_{n=0}^{y_t}(y_t - n)p_n^t - p_2\sum_{n=y_t+1}^{D}(n - y_t)p_n^t + \sum_{n=0}^{D} C_{t+1}(y_t - n)p_n^t\right\}.
\end{aligned}$$

这是一动态规划问题, 需要逆向计算. 下面举例说明该系统的求解算法.

例 5.5.1 设决策期数为 2, 每期市场需求的概率分布为

$$\Pr(D_t=1)=0.4,\quad \Pr(D_t=2)=0.6.$$

补货启动费用为 $K=5$, 补货单价为 $c=10$, 销售价为 $b=18$, 单位时间单位物品的持货成本为 $h=2$, 缺货惩罚成本为 $p=6$. 设系统的初始库存量为零. 试计算缺货不补策略下的最优补货策略.

解 先考虑 x_t 和 y_t 在不同运行周期的可能取值. 对于第一期, $x_1=0$, 由于两期的总需求量最多为 4, 所以, 第一期的补货量最多为 4. 即 y_1 的可能取值为 $0,1,2,3,4$. 由于第一期的需求量至少为 1, 所以第二期的初始库存量可能为 $x_2=0,1,2,3$, 做出补货决策后的库存量为 $y_2=0,1,2,3$.

根据动态规划问题的形式, 需要计算 $V_t(y_t)$. 为此, 对 $t=1,2$, 以及 y_t 的所有可能取值, 每期的库存效益 $V_t(y_t)$ 分别为

$$\begin{aligned}V_t(0)=&-K\delta(y_2-0)-c(y_2-0)+\sum_{n=0}^{D}b\min\{y_t,n\}p_n^t-p\sum_{n=1}^{2}(n-0)p_n^t\\=&-p\sum_{n=1}^{2}(n-0)p_n^t=-9.6,\end{aligned}$$

$$V_t(1)=-K\delta(y_2-0)-c(y_2-0)+\sum_{n=0}^{D}b\min\{y_t,n\}p_n^t-p\sum_{n=1}^{2}(n-1)p_n^t=-0.6,$$

$$V_t(2)=-K\delta(y_2-0)-c(y_2-0)+\sum_{n=0}^{D}b\min\{y_t,n\}p_n^t-h\sum_{n=1}^{2}(2-n)p_n^t=3,$$

$$V_t(3)=-K\delta(y_2-0)-c(y_2-0)+\sum_{n=0}^{D}b\min\{y_t,n\}p_n^t-h\sum_{n=1}^{2}(3-n)p_n^t=-4,$$

$$V_t(4)=-K\delta(y_2-0)-c(y_2-0)+\sum_{n=0}^{D}b\min\{y_t,n\}p_n^t-h\sum_{n=1}^{2}(4-n)p_n^t=-16.$$

下面依次计算 $C_2(x_2),C_1(x_1)$. 根据前面的讨论, 第二期的初始状态, 即 x_2 所有可能的取值为 $0,1,2,3$, 而 y_2 所有可能的取值为 $0,1,2,3$. 故

$$C_2(0)=\max_{0\leqslant y_2\leqslant 2}\left\{V_2(y_2)+\sum_{n=1}^{2}C_3(\max\{0,y_2-n\})P_n^2\right\}$$

$$= \max \begin{cases} V_2(0), & y_2 = 0 \\ V_2(1), & y_2 = 1 \\ V_2(2), & y_2 = 2 \end{cases}$$

$$= \max\{-9.6, -0.6, 3\} = 3, \quad y_2 = 2,$$

$$C_2(1) = \max_{1 \leqslant y_2 \leqslant 2} \left\{ V_2(y_2) + \sum_{n=1}^{2} C_3(\max\{0, y_2 - n\}) P_n^2 \right\}$$

$$= \max \begin{cases} V_2(1), & y_2 = 1 \\ V_2(2), & y_2 = 2 \end{cases}$$

$$= \max\{14.4, 13\} = 14.4, \quad y_2 = 1,$$

$$C_2(2) = \max_{y_2 = 2} \left\{ V_2(y_2) + \sum_{n=1}^{2} C_3(\max\{0, y_2 - n\}) P_n^2 \right\} = V_2(2) = 28,$$

$$C_2(3) = \max_{y_2 = 3} \left\{ V_2(y_2) + \sum_{n=1}^{2} C_3(\max\{0, y_2 - n\}) P_n^2 \right\} = V_2(3) = 26.$$

由此, 如果第二期的初始库存量为零, 则该期的补货量为 2, 否则选择不补货.

下面计算第一期的补货量. 由于该期的初始库存量为零, 即 $x_1 = 0$, 所以

$$C_1(0) = \max_{0 \leqslant y_1 \leqslant 4} \left\{ V_1(y_1) + \sum_{n=1}^{2} C_2(\max\{0, y_1 - n\}) P_n^1 \right\}$$

$$= \max \begin{cases} V_1(0) + \sum_{n=1}^{2} C_2(\max\{0, 0 - n\}) p_n^1, & y_1 = 0 \\ V_1(1) + \sum_{n=1}^{2} C_2(\max\{0, 1 - n\}) p_n^1, & y_1 = 1 \\ V_1(2) + \sum_{n=1}^{2} C_2(\max\{0, 2 - n\}) p_n^1, & y_1 = 2 \\ V_1(3) + \sum_{n=1}^{2} C_2(\max\{0, 3 - n\}) p_n^1, & y_1 = 3 \\ V_1(4) + \sum_{n=1}^{2} C_2(\max\{0, 4 - n\}) p_n^1, & y_1 = 4 \end{cases}$$

$$
= \max \begin{cases} V_1(0) + C_2(0), & y_1 = 0 \\ V_1(1) + C_2(0), & y_1 = 1 \\ V_1(2) + \sum_{n=1}^{2} C_2(2-n)p_n^1, & y_1 = 2 \\ V_1(3) + \sum_{n=1}^{2} C_2(3-n)p_n^1, & y_1 = 3 \\ V_1(4) + \sum_{n=1}^{2} C_2(4-n)p_n^1, & y_1 = 4 \end{cases}
$$

$$
= \max\{-6.6, 2.4, 6, 15.84, 6.2\} = 15.84, \quad y_1 = 3.
$$

从上面的计算结果可得该库存系统的最优库存管理策略: 在第一期的开始将货物补充到 3, 而下一期的初始库存量 x_2 为 0 或 1. 根据 $C_2(0)$ 和 $C_2(1)$ 的计算结果, 第二期的补货决策为: 若剩余库存量为 1 不补货, 而当剩余库存量为 0 时补货, 补货量为 2.

如果采取缺货回补, 计算过程是类似的, 不同之处在于每期的初始状态可以为负. 这导致可能的状态数多了, 也就是 x_t 有更多的取值, 所以计算量就更大了. 如果对剩余物品进行回收, 则利用上面同样的计算方法可得回收策略下的最优补货决策.

有限期随机库存系统的动态规划方法准确度高, 但计算量太大, 特别当运行周期较多时, 几乎难以计算.

5.6 无限期随机库存系统

在随机补货系统中, 如果一个系统运行的时间足够长, 我们可将其视为无限期随机库存系统. 系统常用的盘点方式有两种: 连续性盘点和周期性盘点.

5.6.1 连续性盘点 (Q,r) 策略

对于连续性盘点 (Q,r) 方式下的随机库存管理, 一旦库存量降至 r 就发出补货请求, 补货量为 Q. 显然, 补货点 r 主要应对补货提前期内的市场需求. 根据系统假设, 单位时间内的市场需求是一随机变量. 所以补货提前期内的市场需求也是随机变量. 如果取库存点 r 为补货提前期内的市场需求 D_L 的数学期望, 那么应有一半的可能性在补货提前期内缺货. 为提高服务水平, 需要根据服务水平确定补货点的大小.

对于补货点的设置, 5.2 节基于补货提前期内的市场需求分布和给定的服务水

平给出了补货点的计算方法. 下面给出基于单位时间内的市场需求均值给出补货量 Q 的求解算法.

对于补货量 Q, 最简单的方法是参考经济订单批量模型. 由于经济订单补货批量基于确定型库存系统, 这里, 我们可将单位时间的市场需求的均值 μ 作为单位时间的市场需求. 这样得到最优补货量

$$Q=\sqrt{\frac{2\mu K}{h}}.$$

显然, 上述近似效果只考虑了市场随机需求的数学期望, 而没有考虑市场需求的波动, 也就是方差, 所以该结果只在市场需求波动不大的时候才比较有效.

5.6.2 周期性盘点 (S,s) 策略

周期性盘点 (S,s) 策略的操作方式是: 在周期运行结束时 (盘点时刻) 查看库存的状态. 若库存量下降到 s 以下, 就将货物补充到 S; 否则就选择不补货.

对于连续性盘点的 (S,s) 策略, 其补货目标 S 的确定与连续性盘点的 (Q,r) 策略中 Q 的确定方法是一样的, 即将单位时间的市场需求均值作为市场需求进行处理. 也就是说, 单位时间的市场需求设定为单位时间内市场需求的均值 μ. 根据经济订单批量计算公式, 每次的补货量为

$$Q^*=\sqrt{\frac{2\mu K}{h}}.$$

由于这种盘点方式在每次补货时, 其补货量不是固定不变的, 参照补货点 s, 我们取补货目标为

$$S=s+\sqrt{\frac{2\mu K}{h}}.$$

对于 s, 考虑到在盘点时刻, 如果剩余库存量稍高于 s, 根据库存管理规则, 选择不补货. 从而这 s 数量的库存要维持到下次补货周期运行结束, 也就是补货点 s 需要满足一个补货周期内的市场需求. 考虑到服务水平,

$$s=\mu+I_{\mathrm{SS}},$$

其中, μ 为一个补货周期内市场需求的均值, I_{SS} 为安全库存. 如果要求服务水平不低于 α, 则补货点 s 为满足下式的最小值

$$\sum_{n=0}^{s}P_n=\int_0^s f(x)\mathrm{d}x\geqslant\alpha,$$

其中, $\Pr(d=n)=p_n$, $f(x)$ 分别为运行周期内市场需求的概率分布律和概率密度函数.

第 6 章　基于机会损失最小的报童模型

第 5 章通过极大化零售商的库存收益期望值给出了报童模型的最优补货决策. 然而, 在现实生活中, 零售商的实际订购量和第 5 章给出的订购量并不一致. 这称为报童模型的“决策偏差”. 本章将探讨这种偏差产生的根源, 并根据经营者的不同行为偏好给出更合理的订购策略.

6.1　带机会损失的报童模型

现实生活中, 面对不确定环境, 盈利是决策者考虑的要素, 但机会损失同样是决策者需要考虑的一个要素. 因为从所有备选方案中选取机会损失最小的补货策略是一些经营者常用的决策方法, 所以, 我们首先考虑基于机会损失期望值最小的补货策略.

对报童模型, 设市场需求服从概率密度函数和分布函数分别为 $f(x)$ 和 $F(x)$ 的连续分布, 并记零售商的货物订购价为 c, 零售价为 b, 剩余产品的回收价为 w, 单位货物的缺货惩罚成本为 p. 显然, 这些量之间满足 $b > c > w \geqslant 0$. 特别地, 如果取 $p = b - c$, 则缺货惩罚成本表现为零售商的现时损失. 对市场需求量 D, 零售商订购量为 Q 时的效益为

$$C(Q) = b\min\{Q, D\} - cQ + w(Q - D)_+ - p(D - Q)_+,$$

其中, $D_+ = \max\{D, 0\}$. 上式中, 等号右边第一项表示销售收入, 第二项表示补货成本, 第三项表示供过于求时剩余物品的回收收入, 第四项表示供不应求时的缺货惩罚成本.

利用 $\min\{Q, D\} = Q - (Q - D)_+$ 和 $(D - Q)_+ = (D - Q) + (Q - D)_+$, 上式可写成

$$C(Q) = (b - c + p)Q - (b - w + p)(Q - D)_+ - pD. \tag{6.1.1}$$

显然, 当 $Q = D$, 即当订购量与需求量相等时, 零售商收益最大, 即最大效益为

$$M(D) = (b - c)D.$$

结合 (6.1.1), 便得订购量为 Q 时的机会损失

$$\begin{aligned} L(Q, D) &= M(D) - C(Q) \\ &= (b - c + p)(D - Q) + (b - w + p)(Q - D)_+. \end{aligned}$$

计算其数学期望, 并令导数为零得

$$\int_0^Q \mathrm{d}F(x) = F(Q) = \frac{b-c+p}{b-w+p}.$$

从而, 基于机会损失最小的最优订购量为

$$Q^* = F^{-1}\left(\frac{b-c+p}{b-w+p}\right). \tag{6.1.2}$$

实际上, 这与 5.3 节基于零售商的预期收益期望值最大给出的结果是一样的, 只是这里考虑了缺货惩罚成本. 基于此, 可引出补货决策的风险厌恶型理论.

6.2 条件风险值准则

对随机库存系统, 任何决策都存在损失风险. 而零售商对风险的态度会影响他们的补货决策. 有的零售商富于挑战性, 做决策时敢于冒险; 而有的零售商比较保守, 决策时会过多关注可能遭受的损失, 并尽可能将它降到最低; 还有一部分零售商处于两者之间. 这样, 就引出了三种不同特性的零售商: 风险偏好型、风险厌恶型和风险中性型.

风险厌恶是指人们面对同样数量的收益期望和损失风险时, 会觉得损失更难以接受. 显然, 这会影响他们在不确定情形下的决策. 比如, 在赌博活动中, 假设有两种结果: 一种是以 100% 的概率赢得 3000 美元, 另一种是以 80% 的概率赢得 5000 美元和以 20% 的概率输掉 2000 美元. 容易计算, 后者的期望收益值 3600 美元大于前者的收益期望值 3000 美元. 但在实际中, 一些人会选择前者而抛弃后者. 原因是后者有风险损失, 而前者没有, 或者说前者风险损失很小. 由此, 基于效益期望值最大的补货策略并不是所有零售商的首选. 于是, 人们在随机库存系统中引入了损失厌恶理论.

损失厌恶理论最早由美国行为科学家 Kahneman 等于 1979 年提出, 并因此获得 2002 年诺贝尔经济学奖. 该理论可以有效解释传统经济学中的一些异常现象, 同时经过大量实验、实证并得到若干学者的支持, 因而成为现代经济学研究的基石, 被广泛应用到生产运作和投资组合中. 下面介绍该理论中的风险值准则和条件风险值准则.

对 6.1 节给出的报童模型, 由于市场需求是随机的, 对任一补货决策 Q, 机会损失 $L(Q,D)$ 总是存在的. 该决策下的损失小于 $y \in R$ 的概率为

$$\Psi(Q,y) = \Pr(L(Q,D) \leqslant y) = \int_{L(Q,x)\leqslant y} f(x)\,\mathrm{d}x,$$

其中, $f(x)$ 为市场需求量 D 的概率密度函数.

显然, 对市场需求随机的报童模型, 任何补货决策都会产生机会损失. 这样, 风险厌恶型零售商在制订补货决策时, 会考虑如何决策才能以大概率让机会损失降到最低. 这就引出了补货决策的风险值 (VaR)

$$\mathrm{VaR}_\alpha\big(L(Q,D)\big)=\inf\{y \mid \Pr\{L(Q,D)\leqslant y\}\geqslant\alpha\}.$$

也就是

$$\mathrm{VaR}_\alpha\big(L(Q,D)\big)=\inf\{y \mid \Psi(Q,y)\geqslant\alpha\},$$

其中, $\alpha\in(0,1)$ 相当于保险系数, 一般取 0.9 或 0.95, 它反映决策者对风险的厌恶程度: α 越大, 决策者的风险厌恶度越高.

基于此, 风险厌恶型零售商的最优补货决策就是在大概率意义下寻求使得机会损失最小的补货量 Q, 即求解如下优化问题

$$\min_Q \mathrm{VaR}_\alpha\big(L(Q,D)\big), \tag{6.2.1}$$

也就是求解如下关于 (Q,y) 的优化问题

$$\begin{aligned}\min\quad & y\\ \text{s.t.}\quad & \Psi(Q,y)\geqslant\alpha.\end{aligned}$$

上述基于风险值的补货决策优化模型难以求解, 而且该风险值与损失的分布无关. 同时, 该技术在处理损失不服从正态分布时会出现数值结果不稳定的现象. 为此, 我们计算高于风险值的风险损失的期望值, 并对其求最小, 从而得到一种新的风险度量准则——条件风险准则 (CVaR 准则). 为此, 定义

$$\mathrm{CVaR}_\alpha\big(L(Q,D)\big)=\frac{1}{1-\alpha}E\Big(L(Q,D)\mid L(Q,D)\geqslant \mathrm{VaR}_\alpha\big(L(Q,D)\big)\Big).$$

对其求最小可得风险厌恶型零售商的补货决策

$$\min_Q \mathrm{CVaR}_\alpha\big(L(Q,D)\big). \tag{6.2.2}$$

从形式上看, 极小化关于 Q 的条件风险值 $\mathrm{CVaR}_\alpha\big(L(Q,D)\big)$ 比极小化关于 Q 的风险值 $\mathrm{VaR}_\alpha\big(L(Q,D)\big)$ 难度更大, 也就是 (6.2.2) 比 (6.2.1) 更难求解. 但下面的结论告诉我们, (6.2.2) 可等价地化为如下优化问题

$$\min_{Q,y} H_\alpha(Q,y)=y+\frac{1}{1-\alpha}E(L(Q,D)-y)_+.$$

定理 6.2.1 对任意的 $\alpha \in (0,1)$, 函数 $H(Q,y)$ 关于 Q,y 为连续可微的凸函数, 且对于任意的 Q,

$$\mathrm{CVaR}_\alpha\big(L(Q,D)\big) = \min_y H(Q,y).$$

由于函数 $H_\alpha(Q,y)$ 关于 Q,y 分别为凸函数, 因此 CVaR 模型的求解更加便利, 该技术也因此得到更深入的应用和推广.

下面给出定理 6.2.1 的证明, 供感兴趣的读者参考.

为便于表述, 我们重述前面给出的有关函数.

$$\begin{aligned} L(Q,D) &= (b-c+p)(D-Q)+(b-w+p)(Q-D)_+,\\ \Psi(Q,y) &= \Pr(L(Q,D)\leqslant y) = \int_{L(Q,D)\leqslant y} f(x)\,\mathrm{d}x,\\ H_\alpha(Q,y) &= y+\frac{1}{1-\alpha}E(L(Q,D)-y)_+. \end{aligned}$$

前两者分别是补货量 Q 决策下零售商的机会损失和该机会损失小于 $y\in R$ 的概率. 再记

$$\begin{aligned} y_\alpha(Q) &= \min_y H(Q,y),\\ \phi_\alpha(Q) &= \frac{1}{1-\alpha}\int_{L(Q,x)\geqslant y_\alpha(Q)} L(Q,x)f(x)\,\mathrm{d}x. \end{aligned}$$

首先给出如下引理.

引理 6.2.1 对任意的 $Q\in R$, 期望值函数 $G(y)=\displaystyle\int_0^\infty (L(Q,x)-y)_+\,\mathrm{d}F(x)$ 关于 y 是连续可微的凸函数, 且

$$G'(y) = \Pr(L(Q,D)\leqslant y)-1 = \int_{L(Q,x)\leqslant y} f(x)\,\mathrm{d}x - 1 = \Psi(Q,y)-1.$$

证明 容易验证, 随机函数 $(L(Q,x)-y)_+$ 的期望值存在. 根据函数 $(L(Q,x)-y)_+$ 的表达式, 它以概率 1 关于 y 为凸函数. 由凸函数的性质, 对任意单调递减趋于零的数列 $\{t_k\}$, 数列 $\varphi_k = \dfrac{\big(L(Q,x)-(y+t_k)\big)_+ - (L(Q,x)-y)_+}{t_k}$ 关于 k 单调递减. 根据单调收敛性定理, 对任意的 $x\in R$,

$$\lim_{k\to\infty}\varphi_k = \lim_{k\to\infty}\frac{\big(L(Q,x)-(y+t_k)\big)_+ - (L(Q,x)-y)_+}{t_k} = (L(Q,x)-y)'_+.$$

进一步, 由于上式以概率 1 成立, 故

$$\lim_{k\to\infty} E(\varphi_k) = E\left(\lim_{k\to\infty} \frac{\big(L(Q,x)-(y+t_k)\big)_+ - (L(Q,x)-y)_+}{t_k}\right)$$
$$= E(L_Q(Q,x)-y)'_+.$$

由于期望值函数 $G(y) = \int_0^\infty (L(Q,x)-y)_+ \,\mathrm{d}F(x)$ 存在, 且关于 y 为凸函数, 故 $G'(y)$ 存在且等于 $\{E(\varphi_k)\}$ 的极限, 也就是

$$\int_0^\infty (L(Q,x)-y)'_+ \,\mathrm{d}F(x) = -\int_{L(Q,x)\geqslant y} \mathrm{d}F(x) = \int_{L(Q,x)\leqslant y} \mathrm{d}F(x) - 1.$$

证毕

定理 6.2.1 的证明 根据引理 6.2.1, 对任意的 Q, 函数 $H_\alpha(Q,y)$ 关于 y 连续可微, 且为凸函数. 从而,

$$\frac{\partial H_\alpha(Q,y)}{\partial y} = 1 + (1-\alpha)^{-1}(\Psi(Q,y)-1) = (1-\alpha)^{-1}(\Psi(Q,y)-\alpha).$$

由函数 $H_\alpha(Q,y)$ 关于 y 的最优性条件, 其最小值点 $y_\alpha(Q)$ 满足 $\Psi(Q,y)-\alpha = 0$. 利用分布函数的单调不减和右半连续性,

$$\min_{y\in R} H_\alpha(Q,y) = H_\alpha(Q,y_\alpha(Q))$$
$$= y_\alpha(Q) + (1-\alpha)^{-1}\int_0^\infty (L(Q,x)-y_\alpha(Q))_+ \,\mathrm{d}F(x). \tag{6.2.3}$$

而此时

$$\int_0^\infty (L(Q,x)-y_\alpha(Q))_+ \,\mathrm{d}F(x)$$
$$= \int_{L(Q,x)\geqslant y_\alpha(Q)} L(Q,x)\,\mathrm{d}F(x) - y_\alpha(Q)\int_{L(Q,x)\geqslant y_\alpha(Q)} \mathrm{d}F(x).$$

根据风险值和条件风险值的定义, 上式中右边的第一个积分为 $(1-\alpha)\phi_\alpha(Q)$, 第二个积分为 $1-\Psi(Q,y_\alpha(Q)) = 1-\alpha$. 从而由 (6.2.3) 式得

$$\min_{y} H_\alpha(Q,y) = y_\alpha(Q) + \phi_\alpha(Q) - y_\alpha(Q) = \phi_\alpha(Q) = \mathrm{CVaR}_\alpha\big(L(Q,D)\big),$$

命题结论得证. 证毕

6.3 风险厌恶型零售商的补货决策

考虑如下风险厌恶型报童模型: 市场需求服从概率密度函数和分布函数分别为 $f(x)$ 和 $F(x)$ 的连续分布, 零售商的货物订购价为 c, 零售价为 b, 剩余产品的回收价为 w, 单位货物的缺货惩罚成本为 p, 零售商的风险厌恶度为 $\alpha \in (0,1)$.

定理 6.3.1 对风险厌恶度 $\alpha \in (0,1)$, 零售商基于条件风险值最小的最优订购量为

$$Q_\alpha = \frac{(c-w)F^{-1}\left(\frac{(1-\alpha)(b-c+p)}{b-w+p}\right)+(b-c+p)F^{-1}\left(\frac{(1-\alpha)(b-c+p)}{b-w+p}+\alpha\right)}{b-w+p}.$$

证明 由 6.2 节的讨论, 基于条件风险值最小的最优订购量为函数

$$H(Q,y) = y + \frac{1}{1-\alpha}E[L(Q,D)-y]_+$$

关于 Q, y 的最小值点, 其中,

$$L(Q,D) = (b-c+p)(D-Q) + (b-w+p)(Q-D)_+.$$

为便于求解, 先将函数 $H(Q,y)$ 进行简化.

$$\begin{aligned}
H(Q,y) &= y + \frac{1}{1-\alpha}E[L(Q,D)-y]_+ \\
&= y + \frac{1}{1-\alpha}\int_0^{+\infty}[(b-c+p)(x-Q) \\
&\quad + (b-w+p)(Q-x)_+ - y]_+ \,\mathrm{d}F(x) \\
&= y + \frac{1}{1-\alpha}\int_0^{Q}[(c-w)(Q-x)-y]_+ \,\mathrm{d}F(x) \\
&\quad + \frac{1}{1-\alpha}\int_Q^{+\infty}[(b-c+p)(x-Q)-y]_+ \,\mathrm{d}F(x).
\end{aligned} \tag{6.3.1}$$

这样, 零售商基于条件风险值最小的最优补货决策问题化为如下优化问题:

$$\min_{Q\in[0,+\infty)} \min_{y\in R} H(Q,y). \tag{6.3.2}$$

先分情况求解关于 y 的内层优化问题.

情形 A1　$y \geqslant (c-w)Q$. 此时, 由 (6.3.1),

$$\begin{aligned}H(Q,y) &= y + \frac{1}{1-\alpha}\int_{Q+\frac{y}{b-c+p}}^{+\infty} [(b-c+p)(x-Q)-y]\,\mathrm{d}F(x)\\ &= y + \frac{1}{1-\alpha}\int_{Q+\frac{y}{b-c+p}}^{+\infty} (b-c+p)(x-Q)\,\mathrm{d}F(x)\\ &\quad - \frac{y}{1-\alpha}\int_{Q+\frac{y}{b-c+p}}^{+\infty} \mathrm{d}F(x),\end{aligned}$$

将其关于 y 求导得

$$\frac{\partial H(Q,y)}{\partial y} = \frac{1}{1-\alpha}\left(F\Big(Q+\frac{y}{b-c+p}\Big)-\alpha\right).$$

利用分布函数的性质, 存在充分大的 y_0 使得 $\left.\dfrac{\partial H(Q,y)}{\partial y}\right|_{y\geqslant y_0} > 0$. 所以, 如果

$$\left.\frac{\partial H(Q,y)}{\partial y}\right|_{y=(c-w)Q} = \frac{1}{1-\alpha}\left(F\Big(\frac{b-w+p}{b-c+p}Q\Big)-\alpha\right) \leqslant 0,$$

即 $Q \leqslant \left(\dfrac{b-c+p}{b-w+p}\right) F^{-1}(\alpha)$, 则 $H(Q,y)$ 关于 $y \in R$ 的最小值点为其导数零点

$$y^* = (b-c+p)(F^{-1}(\alpha)-Q).$$

否则,

$$\left.\frac{\partial H(Q,y)}{\partial y}\right|_{y=(c-w)Q} = \frac{1}{1-\alpha}\left(F\Big(\frac{b-w+p}{b-c+p}Q\Big)-\alpha\right) > 0.$$

函数 $H(Q,y)$ 关于 $y \in [(c-w)Q,\infty)$ 单调递增, 从而函数在该区域内的最小值点属于区间 $[0,(c-w)Q]$. 这归结为情形 A2.

情形 A2　$y \leqslant (c-w)Q$. 此时, 由 (6.3.1) 式,

$$\begin{aligned}H(Q,y) &= y + \frac{1}{1-\alpha}\int_0^Q [(c-w)(Q-x)-y]_+\,\mathrm{d}F(x)\\ &\quad + \frac{1}{1-\alpha}\int_Q^{+\infty} [(b-c+p)(x-Q)-y]_+\,\mathrm{d}F(x)\\ &= y + \frac{1}{1-\alpha}\int_0^{Q-\frac{y}{c-w}} [(c-w)(Q-x)-y]\,\mathrm{d}F(x)\end{aligned}$$

$$+\frac{1}{1-\alpha}\int_{Q+\frac{y}{b-c+p}}^{+\infty}[(b-c+p)(x-Q)-y]\,\mathrm{d}F(x),$$

将该函数关于 y 求导得

$$\frac{\partial H(Q,y)}{\partial y}=\frac{1}{1-\alpha}\left(F\left(Q+\frac{y}{b-c+p}\right)-F\left(Q-\frac{y}{c-w}\right)-\alpha\right).$$

由于 $\left.\frac{\partial H(Q,y)}{\partial y}\right|_{y=0}=-\frac{\alpha}{1-\alpha}\leqslant 0$, 所以, 如果

$$\left.\frac{\partial H(Q,y)}{\partial y}\right|_{y=(c-w)Q}=\frac{1}{1-\alpha}\left(F\left(\frac{b-w+p}{b-c+p}Q\right)-\alpha\right)\geqslant 0,$$

即 $Q\geqslant\left(\frac{b-c+p}{b-w+p}\right)F^{-1}(\alpha)$, 则函数 $H(Q,y)$ 关于 y 的最小值点为其导数零点, 即最小值点满足

$$\alpha+F\left(Q-\frac{y}{c-w}\right)-F\left(Q+\frac{y}{b-c+p}\right)=0. \tag{6.3.3}$$

否则, 归结为情形 A1.

综合上述讨论, 对任意固定的 Q, 函数 $H(Q,y)$ 关于 $y\in R$ 的最小值点为

$$y^*=\begin{cases}(b-c+p)(F^{-1}(\alpha)-Q), & Q\leqslant\left(\frac{b-c+p}{b-w+p}\right)F^{-1}(\alpha),\\ \text{满足 (6.3.3) 的 } y, & Q\geqslant\left(\frac{b-c+p}{b-w+p}\right)F^{-1}(\alpha).\end{cases}$$

下面基于上述关于 y 的最优值分情况求解优化问题 (6.3.2) 的外层优化问题, 即求解如下优化问题

$$\min_{Q\in[0,+\infty)}\left[\min_{y\in R_+}H(Q,y)\right],$$

也就是

$$\min_{Q\in[0,+\infty)}H(Q,y^*).$$

情形 B1 $Q\leqslant\left(\frac{b-c+p}{b-w+p}\right)F^{-1}(\alpha)$. 则

$$F^{-1}(\alpha)-Q\geqslant\frac{b-w+p}{b-c+p}Q-Q=\frac{c-w}{b-c+p}Q.$$

则由 $y^*=(b-c+p)(F^{-1}(\alpha)-Q)$, (6.3.1) 可简化为

$$\begin{aligned}H(Q,y^*)=&(b-c+p)(F^{-1}(\alpha)-Q)\\&+\frac{1}{1-\alpha}\int_{F^{-1}(\alpha)}^{+\infty}(b-c+p)[x-F^{-1}(\alpha)]\,\mathrm{d}F(x).\end{aligned}$$

该函数关于 Q 单调递减, 故该情形下的最小值点满足 $Q\geqslant\left(\frac{b-c+p}{b-w+p}\right)\times F^{-1}(\alpha)$. 这归结为情形 B2.

情形 B2　$Q\geqslant\left(\dfrac{b-c+p}{b-w+p}\right)F^{-1}(\alpha)$. 此时, (6.3.1) 式化为

$$\begin{aligned}H(Q,y^*)=\ &y^*+\frac{1}{1-\alpha}\int_0^{Q-\frac{y^*}{c-w}}[(c-w)(Q-x)-y^*]\,\mathrm{d}F(x)\\&+\frac{1}{1-\alpha}\int_{Q+\frac{y^*}{b-c+p}}^{+\infty}[(b-c+p)(x-Q)-y^*]\,\mathrm{d}F(x).\end{aligned}$$

该函数关于 Q 的导数零点满足

$$(c-w)F\left(Q-\frac{y^*}{c-w}\right)=(b-c+p)\left(1-F\left(Q+\frac{y^*}{b-c+p}\right)\right).$$

联合 (6.3.3) 式得该情形下函数 $H(Q,y)$ 关于 Q,y 的最优性条件. 利用该函数关于 Q,y 的凸性, 解上述关于 Q,y 的方程组得函数 $H(Q,y)$ 的最小值点, 即得命题结论.　证毕

由该结论, 当 $\alpha=0$, 即零售商为风险中性时, 其条件风险值最小时的最优订购量为其库存收益期望值最大时的订购量, 即 (6.1.2) 式给出的订购量.

下面讨论基于条件风险值最小的订购量关于有关参数的灵敏度分析.

性质 6.3.1　零售商基于条件风险值最小的订购量 Q_α 关于商品的零售价 b、回收价 w 和缺货惩罚成本 p 单调递增, 关于零售商的购货价 c 单调递减.

证明　对零售商基于条件风险值最小的订购量

$$Q_\alpha=\frac{(c-w)F^{-1}\left(\frac{(1-\alpha)(b-c+p)}{b-w+p}\right)+(b-c+p)F^{-1}\left(\frac{(1-\alpha)(b-c+p)}{b-w+p}+\alpha\right)}{b-w+p},$$

记

$$T=F^{-1}\left(\frac{(1-\alpha)(b-c+p)}{b-w+p}\right),\qquad N=F^{-1}\left(\frac{(1-\alpha)(b-c+p)}{b-w+p}+\alpha\right).$$

则 $N \geqslant T$ 且

$$Q_\alpha = \frac{(c-w)T + (b-c+p)N}{b-w+p}. \tag{6.3.4}$$

由 $F(T) = \dfrac{(1-\alpha)(b-c+p)}{b-w+p}$ 得

$$\frac{\partial T}{\partial b} = \frac{(1-\alpha)(c-w)}{f(T)(b-w+p)^2}.$$

类似可得

$$\frac{\partial N}{\partial b} = \frac{(1-\alpha)(c-w)}{f(N)(b-w+p)^2}.$$

从而对 (6.3.4) 关于 b 求导并利用 $N \geqslant T$ 得

$$\frac{\partial Q_\alpha}{\partial b} = \frac{(1-\alpha)(c-w)}{(b-w+p)^3}\left(\frac{c-w}{f(T)} + \frac{b-c+p}{f(N)}\right) + \frac{c-w}{(b-w+p)^2}(N-T) \geqslant 0,$$

即 Q_α 关于零售价 b 单调递增.

其余结论可类似证明. 证毕

实际上, 对于风险厌恶型零售商的任一补货量, 其机会损失来自订购过量损失或订购不足损失. 其中, 单位物品的订购过量损失 $c_+ = c - w$, 单位物品的订购不足损失 $c_- = p$. 当零售价 b 或缺货惩罚成本 p 变大时, 订购过量损失不变, 而订购不足损失增加. 此时, 零售商应当增加订购量以减少相应的损失. 而当批发价 c 变大时, 订购过量损失随之增加, 订购不足损失减少. 此时, 零售商应减少订购量以减小相应的损失. 同样, 回收价 w 的变大可减少由订购过量所带来的损失. 此时, 零售商应增加订购量来减少订购不足所带来的损失.

性质 6.3.2 零售商基于条件风险值最小的订购量 Q_α 关于风险厌恶度 α 单调.

证明 由 (6.3.4),

$$\frac{\partial Q_\alpha}{\partial \alpha} = \frac{(b-c+p)(c-w)}{(b+p-w)^2}\frac{[f(T)-f(N)]}{f(T)f(N)}.$$

显然, 若 $f(T) - f(N) \geqslant 0$, 则 $\dfrac{\partial Q_\alpha}{\partial \alpha} \geqslant 0$, Q_α 关于 α 单调增加; 否则, Q_α 关于 α 单调递减. 证毕

该结论表明, 当零售商对风险的厌恶度增加时, 基于条件风险值最小的补货量 Q_α 关于风险厌恶度可能单调递增, 也可能单调递减. 实际上, 零售商的损失主要来自订购过量损失和订购不足损失. 当订购过量损失大于订购不足损失时, 来

自订购过量的风险大于来自订购不足的风险. 在该情形下, 当零售商对风险的规避程度较大时, 应选取小的订购量. 反过来, 当订购过量损失小于订购不足损失时, 来自订购过量的风险小于来自订购不足的风险. 在该情形下, 当零售商对风险的规避程度较大时, 应选取大的订购量.

下面通过具体例子讨论零售商的订购量 Q_α 与风险厌恶度 α 之间的关系.

例 6.3.1　假设某商品的市场需求 ξ 服从正态分布 $N(1000, 100^2)$, 商品的零售价 $b = 10$, 回收价 $w = 2$, 缺货惩罚成本 $p = 4$. 分别计算当商品的批发价 $c = 7, 5$ 时零售商在不同风险厌恶度下的最优订购量 Q_α.

该例的数值结果见图 6.3.1. 由图 6.3.1(a) 知, 当商品批发价 $c = 7$, 即单位商品的订购过量损失 $c_+ = c - w$ 大于单位商品的订购不足损失 $c_- = p$ 时, 随着风险厌恶度 α 的增加, 零售商的最优订购量 Q_α 关于 α 单调递减. 由图 6.3.1(b) 知, 当商品批发价 $c = 5$ 时, 订购过量损失 c_+ 小于订购不足损失 c_-, 随着风险厌恶度的增加, 零售商的最优订购量 Q_α 关于 α 单调递增.

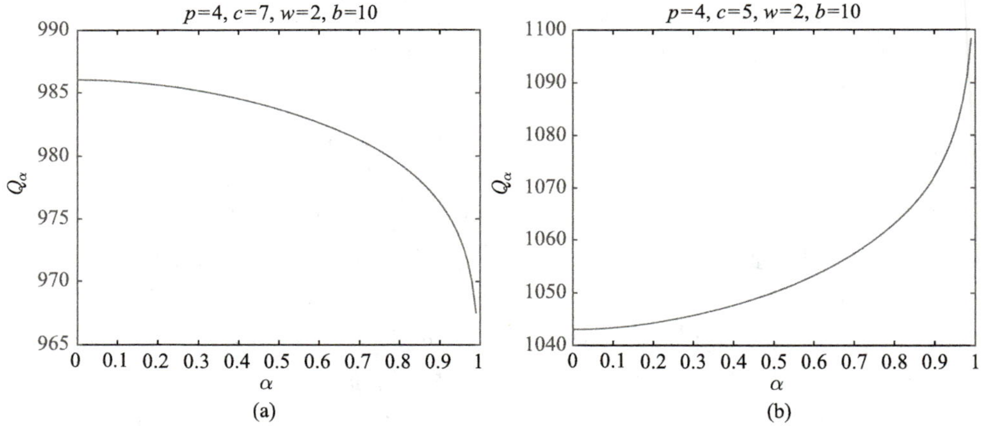

(a)　　(b)

图 6.3.1　$c = 7, 5$ 时不同风险厌恶度下的最优订购量

这告诉我们, 当订购过量损失 c_+ 大于订购不足损失 c_- 时, 来自订购过量的风险大于来自订购不足的风险. 当零售商希望对风险的规避程度增大时, 应当减小订购量. 反过来, 当订购过量损失 c_+ 小于订购不足损失 c_- 时, 来自订购过量的风险小于来自订购不足的风险. 当零售商希望对风险的规避程度增大时, 应当增大订购量.

零售商通过改变风险厌恶度 α 来选择最优订购量 Q_α 以规避由市场需求波动造成的风险. 那么, 不同风险厌恶度下的最优订购量 Q_α 对零售商的效益期望值有何影响? 对此, 我们有如下结论.

定理 6.3.2 零售商基于条件风险值最小的订购量 Q_α 决策下的效益期望值关于风险规避度 α 单调递减.

证明 由 (6.1.1) 式, 对补货量 Q, 零售商的收益为

$$C(Q)=(b-c+p)Q-(b-w+p)(Q-D)_+-pD.$$

则其收益期望值为

$$E[C(Q)]=(b-c+p)Q-pE(D)-(b-w+p)\int_0^Q(Q-x)\,\mathrm{d}F(x).$$

两边关于 Q 求导得

$$\frac{\partial E[C(Q)]}{\partial Q}=(b-c+p)-(b-w+p)F(Q).$$

则对基于条件风险值最小的订购量 Q_α, 其预期收益期望值关于风险厌恶度 α 的导数为

$$\frac{\partial E[C(Q_\alpha)]}{\partial\alpha}=\Big((b-c+p)-(b-w+p)F(Q_\alpha)\Big)\frac{\partial Q_\alpha}{\partial\alpha}. \qquad (6.3.5)$$

由性质 6.3.2, 如果 Q_α 关于 α 单调递增, 则 $Q_\alpha\geqslant Q^*=F^{-1}\left(\dfrac{b-c+p}{b-w+p}\right)$, 这里 Q^* 对应于风险中性零售商的最优补货量. 从而由分布函数的单调不减性,

$$(b-c+p)-(b-w+p)F(Q_\alpha)\leqslant(b-c+p)-(b-w+p)F(Q^*)=0.$$

这样, 由 (6.3.5) 及 $\dfrac{\partial Q_\alpha}{\partial\alpha}\geqslant 0$ 得

$$\frac{\partial E[C(Q_\alpha)]}{\partial\alpha}\leqslant 0,$$

即条件风险值下的预期收益期望值 $E[C(Q_\alpha)]$ 关于风险厌恶度 α 单调递减.

如果 Q_α 关于 α 单调递减, 则 $Q_\alpha\leqslant Q^*$. 从而由 $Q^*=F^{-1}\left(\dfrac{b-c+p}{b-w+p}\right)$ 得

$$(b-c+p)-(b-w+p)F(Q_\alpha)\geqslant(b-c+p)-(b-w+p)F(Q^*)=0.$$

这样, 由 (6.3.5) 及 $\dfrac{\partial Q_\alpha}{\partial\alpha}\leqslant 0$ 得

$$\frac{\partial E[C(Q_\alpha)]}{\partial\alpha}\leqslant 0,$$

即 $E[C(Q_\alpha)]$ 关于风险厌恶度 α 单调递减.

综上所述, 无论 Q_α 关于 α 单调递增还是单调递减, 条件风险值下的预期收益期望值 $E[C(Q_\alpha)]$ 都关于风险厌恶度 α 单调递减. 证毕

由上述结论可知, 风险厌恶型零售商的风险最小化和效益最大化是相互矛盾的. 如果零售商决策时基于低的风险, 则效益期望值会随之减少; 反过来, 如果零售商决策时基于大的效益期望值, 则潜在风险随之增大. 这迎合了华尔街的投资定律: 无风险, 无回报.

第 7 章 带供货延迟的报童模型

在库存系统运行过程中, 一旦发生缺货, 顾客会有两种选择: 一是放弃购买; 二是等待零售商紧急补货后再购买, 即所谓的供货延迟. 显然, 供货延迟可以挽救缺货带来的损失, 也有助于提升其服务水平. 本章主要讨论带供货延迟的报童模型.

7.1 基于效益期望值最大的订购决策

与第 6 章的讨论类似, 假设库存系统的市场需求服从概率密度函数为 $f(x)$、分布函数为 $F(x)$ 的概率分布. 记商品的批发价为 c, 零售价为 b, 剩余产品的回收价为 w. 若发生缺货, 零售商可以通过紧急补货满足部分缺货需求. 设供货延迟的比率为 $\beta \in [0,1]$, 单位物品因紧急补货而额外增加的费用为 τ, 即单位物品的紧急补货成本为 $\tau + c$. 显然 $b \geqslant \tau + c$. 则对订购量 Q 和随机市场需求 D, 如果不考虑缺货惩罚成本, 则零售商的收益为

$$C(Q) = b\min\{Q,D\} - cQ + w(Q-D)_+ + \beta(b-\tau-c)(D-Q)_+.$$

式中, 右边第一项表示零售商的销售毛收入, 第二项表示零售商的购货成本, 第三项表示当供过于求时, 剩余产品的回收收入, 第四项表示缺货情形下, 紧急补货带来的收益.

利用 $\min\{Q,D\} = Q - (Q-D)_+$ 和 $(D-Q)_+ = (D-Q) + (Q-D)_+$, 该收益可写成

$$C(Q) = \big(b-c-\beta(b-\tau-c)\big)Q + \beta(b-\tau-c)D - \big(b-w-\beta(b-\tau-c)\big)(Q-D)_+. \tag{7.1.1}$$

其期望收益为

$$\begin{aligned} E[C(Q)] = &\big(b-c-\beta(b-\tau-c)\big)Q + \beta(b-\tau-c)\int_0^{\infty} x\,\mathrm{d}F(x) \\ &- \big(b-w-\beta(b-\tau-c)\big)\int_0^{Q}(Q-x)\,\mathrm{d}F(x). \end{aligned} \tag{7.1.2}$$

由最优性条件, 该收益函数的最大值点为其导数零点, 即

$$Q^* = F^{-1}\left(\frac{b-c-\beta(b-\tau-c)}{b-w-\beta(b-\tau-c)}\right). \tag{7.1.3}$$

此即风险中性零售商的最优补货决策.

对上述模型, 如果取 $\beta = 0$ 或 -1, 则 $C(Q)$ 分别为零售商不考虑缺货惩罚成本和考虑缺货惩罚成本的情形. 此时使得零售商效益期望值最大的订购量分别为

$$Q_1^* = F^{-1}\left(\frac{b-c}{b-w}\right), \qquad Q_2^* = F^{-1}\left(\frac{b-c+p}{b-w+p}\right),$$

其中, $p = b-\tau-c > 0$ 为单位物品的缺货惩罚成本. 由于函数 $F^{-1}(x)$ 单调递增, 故

$$Q^* \leqslant Q_1^* \leqslant Q_2^*.$$

这就是说, 考虑缺货成本将激励零售商增加订购量, 而紧急补货可促使零售商减少订购量.

对零售商而言, 无论补货超量还是补货不足, 都会给零售商带来损失. 当订货超量时, 单位超量物品的损失为 $c_+ = c - w$. 订购不足时, 单位缺货物品的机会损失, 也就是缺货不补的单位物品的机会损失为

$$c_- = b - c - \beta(b-\tau-c).$$

由此可得如下结论.

性质 7.1.1 在紧急补货情形下, 使得风险中性零售商效益期望值最大的最优订购量 Q^* 关于批发价 c 单调递减, 关于零售价 b 和回收价 w 均单调递增.

证明 由 (7.1.3) 得

$$F(Q) = \frac{b-c-\beta(b-\tau-c)}{b-w-\beta(b-\tau-c)},$$

从而

$$\frac{\partial F(Q)}{\partial Q}\frac{\partial Q}{\partial b} = \frac{(1-\beta)(c-w)}{(b-w-\beta(b-\tau-c))^2}.$$

这样,

$$\frac{\partial Q^*}{\partial b} = \frac{(1-\beta)(c-w)}{f(Q^*)(b-w-\beta(b-\tau-c))^2}.$$

类似可求

$$\frac{\partial Q^*}{\partial c}=\frac{1}{f\Big(\dfrac{b-c-\beta(b-\tau-c)}{b-w-\beta(b-\tau-c)}\Big)}\frac{-\big(b-w-\beta(b-\tau-w)\big)}{\big(b-w-\beta(b-\tau-c)\big)^2},$$

$$\frac{\partial Q^*}{\partial w}=\frac{1}{f\Big(\dfrac{b-c-\beta(b-\tau-c)}{b-w-\beta(b-\tau-c)}\Big)}\frac{b-c-\beta(b-\tau-c)}{\big(b-w-\beta(b-\tau-c)\big)^2}.$$

利用 $c_+>0, c_->0$ 得命题结论. 证毕

该结论说明, 当缺货情形下延迟交货的购货成本增加时, 零售商的最优订购量将会增加, 而延迟交货的紧急补货追加成本 τ 增加时, 零售商的订购超量损失 c_+ 不变, 而其订购不足损失 c_- 将会增加, 从而导致最优订购量的增加.

类似地, 我们有如下结论.

性质 7.1.2 在紧急补货情形下, 使得风险中性零售商效益期望值最大的最优订购量 Q^* 关于延迟交货率 β 单调递减, 关于延迟交货的紧急补货额外费用 τ 单调递增.

该结论表明, 当缺货情形下顾客需求中可延迟交货的比例增加时, 零售商的最优订购量应当减少. 实际上, 在延迟交货率 β 增加时, 零售商的订购超量损失 c_+ 不变, 而其订购不足损失 c_- 会减少, 所以其最优订购量将减少.

7.2 基于 CVaR 的收益最大化的订购决策

对 7.1 节给出的订购模型, 本节讨论其基于 CVaR 的收益最大化的订购决策.

同样, 设商品的市场需求服从概率密度函数为 $f(x)$、分布函数为 $F(x)$ 的概率分布, 并记物品的批发价为 c, 零售价为 b, 剩余产品的回收价为 w. 可供货延迟的比率为 $\beta\in[0,1]$, 零售商通过紧急补货而额外付出的单位商品的补货费用为 τ. 则对订购量 Q 和随机市场需求 D, 由 (7.1.1), 零售商的收益为

$$\begin{aligned}C(Q)=&\big(b-c-\beta(b-\tau-c)\big)Q+\beta(b-\tau-c)D\\&-\big(b-w-\beta(b-\tau-c)\big)(Q-D)_+.\end{aligned}$$

对给定的风险厌恶度 $\alpha\in(0,1)$, 定义零售商的收益风险值

$$\mathrm{VaR}_\alpha[C(Q)]=\sup\{y\in R\mid \Pr\{C(Q)\geqslant y\}\geqslant\alpha\}$$

和相应的收益条件风险值

$$\mathrm{CVaR}_\alpha[C(Q)]=\frac{1}{1-\alpha}E[C(Q)\mid C(Q)\leqslant \mathrm{VaR}_\alpha[C(Q)]].$$

对于风险厌恶型零售商而言, 为提高收益, 他们自然希望选择的订购量 Q 可使收益低于风险值 $\mathrm{VaR}_\alpha[C(Q)]$ 部分的期望值达到最大. 这样便得到风险厌恶型零售商基于条件风险值的最优补货决策优化模型

$$\max_{Q} \mathrm{CVaR}_\alpha\big[C(Q)\big] = \frac{1}{1-\alpha} E\big[C(Q) \mid C(Q) \leqslant \mathrm{VaR}_\alpha[C(Q)]\big].$$

类似 6.2 节的讨论, 该问题可化为如下优化问题:

$$\max_{Q,y} H(Q,y) = y - \frac{1}{1-\alpha} E[y - C(Q)]_+. \tag{7.2.1}$$

基于此, 我们可给出该情形下零售商的最优补货策略.

定理 7.2.1　延迟交货情形下, 使风险厌恶型零售商条件风险值效益最大的订购量为

$$Q_\alpha = F^{-1}\left(\frac{(1-\alpha)\big(b-c-\beta(b-\tau-c)\big)}{b-w-\beta(b-\tau-c)}\right).$$

证明　根据前面的讨论, 零售商的最优补货策略为优化问题 (7.2.1) 关于 Q, y 的最优解. 由 (7.1.1),

$$\begin{aligned}
H(Q,y) &= y - \frac{1}{1-\alpha} E[y - C(Q)]_+ \\
&= y - \frac{1}{1-\alpha} \int_0^{+\infty} \Big(y - \big(b-c-\beta(b-\tau-c)\big)Q - \beta(b-\tau-c)x \\
&\quad + \big(b-w-\beta(b-\tau-c)\big)(Q-x)_+\Big)_+ \mathrm{d}F(x) \\
&= y - \frac{1}{1-\alpha} \int_0^{Q} \Big(y - (b-w)x + (c-w)Q\Big)_+ \mathrm{d}F(x) \\
&\quad - \frac{1}{1-\alpha} \int_Q^{+\infty} \Big(y - \big(b-c-\beta(b-\tau-c)\big)Q - \beta(b-\tau-c)x\Big)_+ \mathrm{d}F(x) \\
&= y - \frac{1}{1-\alpha} \int_0^{Q} \Big(y - (b-w)x + (c-w)Q\Big)_+ \mathrm{d}F(x) \\
&\quad - \frac{1}{1-\alpha} \int_Q^{+\infty} \Big(y - (b-c)Q + \beta(b-\tau-c)(Q-x)\Big)_+ \mathrm{d}F(x).
\end{aligned} \tag{7.2.2}$$

对上述函数, 为求其关于 (Q, y) 的最大值点, 我们先对固定的 Q, 分情况求其关于 y 的最大值点.

情形 A1 $y \leqslant (b-c)Q$. 此时, 由 (7.2.2),

$$H(Q,y) = y - \frac{1}{1-\alpha}\int_0^{\frac{y+(c-w)Q}{b-w}} \Big(y-(b-w)x+(c-w)Q\Big)\,\mathrm{d}F(x).$$

容易计算,

$$\frac{\partial H(Q,y)}{\partial y} = 1 - \frac{1}{1-\alpha}F\left(\frac{y+(c-w)Q}{b-w}\right).$$

显然, $\left.\dfrac{\partial H(Q,y)}{\partial y}\right|_{y=(w-c)Q} = 1 > 0$. 所以, 如果

$$\left.\frac{\partial H(Q,y)}{\partial y}\right|_{y=(b-c)Q} = 1 - \frac{1}{1-\alpha}F(Q) \leqslant 0,$$

即 $Q \geqslant F^{-1}(1-\alpha)$, 则函数 $H(Q,y)$ 关于 y 的最大值点为其导数零点

$$y^* = (b-w)F^{-1}(1-\alpha) - (c-w)Q.$$

否则, 归为情形 A2.

情形 A2 $y \geqslant (b-c)Q$. 此时, 由 (7.2.2),

$$\begin{aligned}
&H(Q,y)\\
=\,& y - \frac{1}{1-\alpha}\int_0^{Q}\Big(y-(b-w)x+(c-w)Q\Big)\,\mathrm{d}F(x)\\
&- \frac{1}{1-\alpha}\int_Q^{\frac{y-(b-c)Q+\beta(b-\tau-c)Q}{\beta(b-\tau-c)}}\Big(y-(b-c)Q+\beta(b-\tau-c)(Q-x)\Big)\,\mathrm{d}F(x).
\end{aligned} \tag{7.2.3}$$

则

$$\frac{\partial H(Q,y)}{\partial y} = 1 - \frac{1}{1-\alpha}F\left(\frac{y-(b-c)Q+\beta(b-\tau-c)Q}{\beta(b-\tau-c)}\right).$$

显然, 存在充分大的 y_0 使得

$$\left.\frac{\partial H(Q,y)}{\partial y}\right|_{y=y_0} = 1 - \frac{1}{1-\alpha}F\left(\frac{y_0-\big(b-c-\beta(b-\tau-c)\big)Q}{\beta(b-\tau-c)}\right) \leqslant 0.$$

所以, 如果

$$\left.\frac{\partial H(Q,y)}{\partial y}\right|_{y=(b-c)Q} = 1 - \frac{1}{1-\alpha}F(Q) \geqslant 0,$$

即 $Q \leqslant F^{-1}(1-\alpha)$, 则函数 $H(Q,y)$ 关于 y 的最大值点为其导数零点

$$y^* = \beta(b-\tau-c)F^{-1}(1-\alpha) + \big(b-c-\beta(b-\tau-c)\big)Q.$$

否则, 归结为情形 A1.

由以上分析, 对给定的 Q, 函数 $H(Q,y)$ 关于 y 的最大值点为

$$y^* = \begin{cases} (b-w)F^{-1}(1-\alpha) - (c-w)Q, & Q \geqslant F^{-1}(1-\alpha), \\ \beta(b-\tau-c)F^{-1}(1-\alpha) + \big(b-c-\beta(b-\tau-c)\big)Q, & Q \leqslant F^{-1}(1-\alpha). \end{cases}$$

基于此, 下面分情况求函数 $H(Q,y^*)$ 关于 $Q>0$ 的最大值点.

情形 B1　$Q \geqslant F^{-1}(1-\alpha)$. 此时, 由 (2.2),

$$\begin{aligned} H(Q,y^*) = \ & (b-w)F^{-1}(1-\alpha) - (c-w)Q \\ & -\frac{1}{1-\alpha}\int_0^{F^{-1}(1-\alpha)} (b-w)[F^{-1}(1-\alpha)-x]\,\mathrm{d}F(x). \end{aligned}$$

由于

$$\frac{\partial H(Q,y^*)}{\partial Q} = -(c-w) < 0,$$

故其最大值点属于区间 $[0, F^{-1}(1-\alpha)]$. 这归结为情形 B2.

情形 B2　$Q \leqslant F^{-1}(1-\alpha)$. 此时, 由 (7.2.3),

$$\begin{aligned} H(Q,y^*) = & \beta(b-\tau-c)F^{-1}(1-\alpha) + \big(b-c-\beta(b-\tau-c)\big)Q \\ & -\frac{1}{1-\alpha}\int_0^Q \Big(\beta(b-\tau-c)F^{-1}(1-\alpha) - (b-w)x \\ & + \big(b-w-\beta(b-\tau-c)\big)Q\Big)\,\mathrm{d}F(x) \\ & -\frac{1}{1-\alpha}\int_Q^{F^{-1}(1-\alpha)} \Big(\beta(b-\tau-c)(F^{-1}(1-\alpha)-x)\Big)\,\mathrm{d}F(x). \end{aligned}$$

由一阶最优性条件, 该函数关于 Q 的最大值点为其导数零点, 即

$$Q_\alpha = F^{-1}\left(\frac{(1-\alpha)\big(b-c-\beta(b-\tau-c)\big)}{b-w-\beta(b-\tau-c)}\right).$$

证毕

由定理 7.2.1, 当 $\alpha=0$, 即零售商风险中性时, 使得其基于效益条件风险值最大化的最优订购量 Q_α 退化为使得其效益期望值最大的最优订购量 Q^*. 而当 $\alpha=1$ 时, $Q_\alpha=0$, 即如果风险厌恶型零售商希望其订购决策不存在任何风险时, 其最优订购量为零, 即不订购任何商品而只是对接受延迟交货的顾客进行补货, 此时零售商将不会承担任何风险.

结合定理 7.1.1, 在延迟交货情形下, 使得其效益条件风险值最大的订购量小于使得其效益期望值最大的订购量. 实际上, 对允许紧急补货情形, 当供不应求时, 市场的部分过量需求可以得到满足且对于未能满足的过量需求也没有惩罚. 因此对于风险厌恶型零售商来讲, 其面临的风险主要来自对商品的过量订购. 为了规避这种由订购过量所带来的风险, 风险厌恶型零售商应减少其订购量以避免供过于求带来的潜在风险.

与性质 6.3.1 的讨论类似, 可给出该情形下有关参数对零售商的最优补货策略的影响.

性质 7.2.1 在可延迟交货情形下, 使得风险厌恶型零售商条件风险值最大的订购量 Q_α 关于订购价 c 和延迟交货率 β 单调递减, 关于零售价 b、回收价 w 和紧急补货费用 τ 单调递增.

对于风险厌恶型零售商而言, 通过调节风险厌恶度 α, 相应的最优订购量 Q_α 可以有效地控制和减少其面临的潜在风险. 根据定理 7.2.1, 零售商对风险的规避程度越大, 订购量就越小; 反之, 零售商对风险的规避程度越小, 订购量就越大. 那么, 风险规避程度 α 对相应最优订购量 Q_α 的效益期望值会产生怎样的影响? 对此, 有如下结论.

性质 7.2.2 在紧急补货情形下, 零售商基于收益风险值最大的订购量 Q_α 所对应的效益期望值 $E[C(Q_\alpha)]$ 关于零售商对风险规避程度 α 单调递减.

证明 对订购量 Q, 其产生的收益和相应的期望值分别由 (7.1.1) 和 (7.1.2) 给出. 由此,

$$\frac{\partial E[C(Q_\alpha)]}{\partial \alpha}=\Big[\big(b-c-\beta(b-\tau-c)\big)-\big(b-w-\beta(b-\tau-c)\big)F(Q_\alpha)\Big]\frac{\partial Q_\alpha}{\partial \alpha}.$$

由性质 7.1.1 和性质 7.2.1,

$$F^{-1}\left(\frac{(1-\alpha)\big(b-c-\beta(b-\tau-c)\big)}{b-w-\beta(b-\tau-c)}\right)=Q_\alpha\leqslant Q^*=F^{-1}\left(\frac{b-c-\beta(b-\tau-c)}{b-w-\beta(b-\tau-c)}\right).$$

故

$$F(Q^*)\geqslant F(Q_\alpha).$$

从而

$$\begin{aligned}&\big(b-c-\beta(b-\tau-c)\big)-\big(b-w-\beta(b-\tau-c)\big)F(Q_\alpha)\\ \geqslant&\big(b-c-\beta(b-\tau-c)\big)-\big(b-w-\beta(b-\tau-c)\big)F(Q^*)=0.\end{aligned}$$

由于 Q_α 关于 α 单调递减, 所以

$$\frac{\partial E[C(Q_\alpha)]}{\partial \alpha}\leqslant 0,$$

即 $E[C(Q_\alpha)]$ 关于风险厌恶度 α 单调递减.　　证毕

该结论表明, 在可延迟交货情形下, 零售商的低风险和效益期望值最大是相互矛盾的. 即如果零售商选择一个低风险的订购量, 则该订购量下的效益期望值也随之变小. 反之, 如果零售商选择一个效益期望值大的订购量, 则面临潜在风险也较大.

第 8 章　风险厌恶型与损失厌恶型零售商的期权订购策略

期权合约是一种弹性合约方式. 在该合约中, 零售商通过付出较小的费用得到约定价格下的一定数量物品的购买权. 在期权合约到期日根据市场需求按照预先约定的价格购买不高于约定数量的物品. 期权采购合约可以在一定程度上降低由需求波动而引起的供应风险和价格风险, 从而提高零售商的期望收益. 但如果期权订购策略不当, 也会给零售商带来损失. 本章主要考虑风险厌恶型零售商和带紧急补货的损失厌恶型零售商的期权订购策略.

8.1　风险厌恶型零售商的期权订购决策

在期权合约中, 零售商先与供应商签订一个最大订购量为 Q 的订购协议, 并为每件物品支付一个价格为 τ 的订购费用, 称为期权订购价格. 在期权合约到期日, 市场需求量 D 确定, 零售商向供应商订购 $\min\{Q,D\}$ 单位的物品, 订购价格为双方约定好的 c (又称执行价格). 这样, 在期权签订之日, 零售商需确定期权订购量 Q 使得其预期收益最大.

设商品的市场需求量 D 服从概率密度函数为 $f(x)$ 和分布函数为 $F(x)$ 的连续分布, 记 b 为商品的零售价格, p 为单位商品的缺货惩罚成本. 则对期权采购量 Q, 零售商的预期收益为

$$C(Q)=(b-c)\min\{Q,D\}-\tau Q-p(D-Q)_+.$$

利用 $\min\{Q,D\}=Q-(Q-D)_+$ 和 $(D-Q)_+=(D-Q)+(Q-D)_+$, 该收益函数可写成

$$C(Q)=(b-\tau-c+p)Q-pD-(b-c+p)(Q-D)_+. \tag{8.1.1}$$

其数学期望为

$$E\big[C(Q)\big]=(b-\tau-c+p)Q-p\int_0^{\infty}x\,\mathrm{d}F(x)-(b-c+p)\int_0^{Q}(Q-x)\,\mathrm{d}F(x).$$

由于该函数为凸函数, 其导数零点为其最大值点. 由此得使零售商的预期收益期望值最大的期权订购量

$$Q^* = F^{-1}\left(\frac{b-\tau-c+p}{b-c+p}\right).$$

下面基于条件风险值准则给出风险厌恶型零售商收益最大的期权订购决策. 为此, 对风险厌恶度 $\alpha \in (0,1)$, 先定义收益风险值

$$\mathrm{VaR}_\alpha[C(Q)] = \sup\{y \in R \mid \Pr\{C(Q) \geqslant y\} \geqslant \alpha\}.$$

这是零售商在风险厌恶度 α 下所能获得的最低收益. 基于此, 定义零售商的收益条件风险值

$$\mathrm{CVaR}_\alpha[C(Q)] = E\big[C(Q) \mid C(Q) \leqslant \mathrm{VaR}_\alpha(C(Q))\big].$$

对风险厌型恶零售商, 为降低风险损失, 他们自然希望期权的订购量 Q 可使收益低于风险值 $\mathrm{VaR}_\alpha[C(Q)]$ 部分的期望值达到最大. 这样便得到基于条件风险值的期权订购优化模型

$$\max_Q \mathrm{CVaR}_\alpha\big[C(Q)\big] = \frac{1}{1-\alpha}E\big[C(Q) \mid C(Q) \leqslant \mathrm{VaR}_\alpha(C(Q))\big].$$

类似 6.2 节的讨论, 该问题可化为如下优化问题:

$$\max_{Q>0, y\in R} H(Q,y) = y - \frac{1}{1-\alpha}E[y - C(Q)]_+. \tag{8.1.2}$$

下面的结论给出了风险厌恶型零售商的最优期权订购策略.

定理 8.1.1 对风险厌恶度 $\alpha \in (0,1)$, 风险厌恶型零售商基于收益条件风险值最大的期权采购量为

$$Q_\alpha = \frac{(b-c)F^{-1}\left(\dfrac{(1-\alpha)(b-\tau-c+p)}{b-c+p}\right) + pF^{-1}\left(\dfrac{b-\tau-c+p+\alpha b}{b-c+p}\right)}{b-c+p}.$$

证明 由 (8.1.1),

$$\begin{aligned} H(Q,y) &= y - \frac{1}{1-\alpha}E[y-C(Q)]_+ \\ &= y - \frac{1}{1-\alpha}\int_0^\infty \big[y-(b-\tau-c+p)Q+px+(b-c+p)(Q-x)_+\big]_+ \mathrm{d}F(x) \\ &= y - \frac{1}{1-\alpha}\int_0^Q [y-(b-c)x+\tau Q]_+ \mathrm{d}F(x) \end{aligned}$$

$$-\frac{1}{1-\alpha}\int_{Q}^{+\infty}[y-(b-\tau-c+p)Q+px]_{+}\,\mathrm{d}F(x). \qquad (8.1.3)$$

为求解 (8.1.2), 我们先对固定的 Q, 解优化问题

$$\max_{y\in R} H(Q,y).$$

情形 A1 $y\leqslant-\tau Q$. 此时,

$$H(Q,y)=y-\frac{1}{1-\alpha}\int_{\frac{(b-\tau-c+p)Q-y}{p}}^{+\infty}[y-(b-\tau-c+p)Q+px]\,\mathrm{d}F(x).$$

其关于 y 的导数为

$$\begin{aligned}\frac{\partial H(Q,y)}{\partial y}&=1-\frac{1}{1-\alpha}\left(1-F\left(\frac{(b-c-\tau+p)Q-y}{p}\right)\right)\\&=\frac{1}{1-\alpha}\left(F\left(\frac{(b-c-\tau+p)Q-y}{p}\right)-\alpha\right).\end{aligned}$$

显然, 它关于 y 单调递减, 即 $H(Q,y)$ 关于 y 为凹函数. 从而由 $y\leqslant-\tau Q$ 知

$$\frac{\partial H(Q,y)}{\partial y}\geqslant\left.\frac{\partial H(Q,y)}{\partial y}\right|_{y=-\tau Q}=\frac{1}{1-\alpha}\left(F\left(\frac{(b-c+p)Q}{p}\right)-\alpha\right).$$

所以, 若 $Q\geqslant\dfrac{pF^{-1}(\alpha)}{b-c+p}$, 则 $\dfrac{\partial H(Q,y)}{\partial y}\geqslant 0$, 这归结为情形 A2. 反之, $Q\leqslant\dfrac{pF^{-1}(\alpha)}{b-c+p}$, 从而 $\left.\dfrac{\partial H(Q,y)}{\partial y}\right|_{y=-\tau Q}\leqslant 0$. 利用函数 $H(Q,y)$ 关于 y 的凹性知, 其关于 y 的最大值点为其导数零点, 即

$$y^{*}=(b-c-\tau+p)Q-pF^{-1}(\alpha).$$

情形 A2 $-\tau Q\leqslant y<(b-\tau-c)Q$. 由 (8.1.3),

$$\begin{aligned}H(Q,y)=y&-\frac{1}{1-\alpha}\int_{0}^{\frac{y+\tau Q}{b-c}}[y-(b-c)x+\tau Q]\,\mathrm{d}F(x)\\&-\frac{1}{1-\alpha}\int_{\frac{(b-\tau-c+p)Q-y}{p}}^{+\infty}[y-(b-\tau-c+p)Q+px]\,\mathrm{d}F(x),\end{aligned}$$

关于 y 求导得

$$\frac{\partial H(Q,y)}{\partial y}=\frac{1}{1-\alpha}\left(-\alpha-F\left(\frac{y+\tau Q}{b-c}\right)+F\left(\frac{(b-\tau-c+p)Q-y}{p}\right)\right).$$

显然, 该导数关于 y 单调递减, 也就是该函数关于 y 为凹函数, 且

$$\begin{aligned}\left.\frac{\partial H(Q,y)}{\partial y}\right|_{y=-\tau Q}&=\frac{1}{1-\alpha}\left(-\alpha+F\left(\frac{(b-c+p)Q}{p}\right)\right)\\&=\begin{cases}\geqslant 0, & Q\geqslant \dfrac{pF^{-1}(\alpha)}{b-c+p},\\ \leqslant 0, & Q\leqslant \dfrac{pF^{-1}(\alpha)}{b-c+p},\end{cases}\end{aligned}$$

$$\left.\frac{\partial H(Q,y)}{\partial y}\right|_{y=(b-\tau-c)Q}=\frac{-\alpha}{1-\alpha}<0.$$

若 $Q\geqslant \dfrac{pF^{-1}(\alpha)}{b-c+p}$, 则函数 $H(Q,y)$ 关于 y 的最大值点为其导数零点, 即最优值点满足

$$-\alpha-F\left(\frac{y+\tau Q}{b-c}\right)+F\left(\frac{(b-\tau-c+p)Q-y}{p}\right)=0. \tag{8.1.4}$$

否则, 归结为情形 A1.

情形 A3　$y\geqslant(b-\tau-c)Q$. 此时, 由 (8.1.3),

$$\begin{aligned}H(Q,y)=&\,y-\frac{1}{1-\alpha}\int_0^Q[y-(b-c)x+\tau Q]\,\mathrm{d}F(x)\\&-\frac{1}{1-\alpha}\int_Q^{+\infty}[y-(b-\tau-c+p)Q+px]\,\mathrm{d}F(x).\end{aligned}$$

容易计算

$$\frac{\partial H(Q,y)}{\partial y}=1-\frac{1}{1-\alpha}<0.$$

这归结为情形 A2.

据此, $H(Q,y)$ 关于 y 的最大值点为

$$y^*=\begin{cases}(b-\tau-c+p)Q-pF^{-1}(\alpha), & Q\leqslant \dfrac{pF^{-1}(\alpha)}{b-c+p},\\ \text{满足 (8.1.4)}, & Q\geqslant \dfrac{pF^{-1}(\alpha)}{b-c+p}.\end{cases}$$

下面分情况求函数 $H(Q,y^*)$ 关于 Q 的最大值点.

情形 B1 $Q \leqslant \dfrac{pF^{-1}(\alpha)}{b-c+p}$. 则 $(b-c+p)Q \leqslant pF^{-1}(\alpha)$. 这样, 由 (8.1.4), (8.1.3) 可写成

$$\begin{aligned}H(Q,y) &= y - \frac{1}{1-\alpha}\int_0^Q [y-(b-c)x+\tau Q]_+\,\mathrm{d}F(x)\\ &\quad - \frac{1}{1-\alpha}\int_Q^{+\infty}[y-(b-\tau-c+p)Q+px]_+\,\mathrm{d}F(x)\\ &= (b-\tau-c+p)Q - pF^{-1}(\alpha) - \frac{p}{1-\alpha}\int_{F^{-1}(\alpha)}^{+\infty}[x-F^{-1}(\alpha)]\,\mathrm{d}F(x).\end{aligned}$$

由

$$\frac{\partial H(Q,y^*)}{\partial Q} = (b-\tau-c+p) > 0$$

知, 函数 $H(Q,y^*)$ 关于 Q 单调递增. 这归结为情形 B2.

情形 B2 $Q \geqslant \dfrac{pF^{-1}(\alpha)}{b-c+p}$. 此时

$$\begin{aligned}H(Q,y) &= y - \frac{1}{1-\alpha}\int_0^Q [y-(b-c)x+\tau Q]_+\,\mathrm{d}F(x)\\ &\quad - \frac{1}{1-\alpha}\int_Q^{+\infty}[y-(b-\tau-c+p)Q+px]_+\,\mathrm{d}F(x)\\ &= y - \frac{1}{1-\alpha}\int_0^{\frac{y+\tau Q}{b-c}}[y-(b-c)x+\tau Q]\,\mathrm{d}F(x)\\ &\quad - \frac{1}{1-\alpha}\int_{\frac{(b-\tau-c+p)Q-y}{p}}^{+\infty}[y-(b-\tau-c+p)Q+px]\,\mathrm{d}F(x).\end{aligned}$$

令其关于 Q 的导数

$$\begin{aligned}\frac{\partial H(Q,y)}{\partial Q} = -\frac{1}{1-\alpha}\Bigg(bF\left(\frac{y+\tau Q}{b-c}\right) + (b-\tau-c+p)\\ \times\left(F\left(\frac{(b-\tau-c+p)Q-y}{p}\right)-1\right)\Bigg)\end{aligned}$$

为零并联合 (8.1.4) 得函数 $H(Q,y)$ 在该情形下的最优性条件. 解之得该情形下的最优期权订购量. 命题结论得证. 证毕

由上述结论, 若 $\alpha=0$, 则基于条件风险值最大的期权采购量退化为基于期望收益最大的期权采购量

$$Q^*=F^{-1}\left(\frac{b-\tau-c+p}{b-c+p}\right).$$

由此, 风险厌恶型零售商基于条件风险值最大的期权采购量可能大于也可能小于风险中性采购商基于期望收益最大的期权采购量. 实际上, 对于上述情形下采购商的采购不足损失和采购过量损失

$$c_-=b-\tau-c+p,\qquad c_+=\tau,$$

当 $c_->c_+$, 即采购不足损失大于采购过量损失时, 风险厌恶采购商应当加大期权采购量. 相反, 当 $c_-<c_+$, 即采购不足损失小于采购过量损失时, 风险厌恶采购商应当减少期权采购量.

下面讨论风险厌恶采购商基于条件风险值最大的期权采购量 Q_α 关于相关参数的变化情况.

性质 8.1.1　风险厌恶采购商基于收益条件风险值最大的期权采购量 Q_α 关于商品的零售价 b 可能单调递增, 也可能单调递减.

证明　由定理 8.1.1,

$$Q_\alpha=\frac{(b-c)F^{-1}\left(\dfrac{(1-\alpha)(b-\tau-c+p)}{b-c+p}\right)+pF^{-1}\left(\dfrac{b-\tau-c+p+\alpha b}{b-c+p}\right)}{b-c+p}.$$

记

$$\sigma_1=F^{-1}\left(\frac{(1-\alpha)(b-\tau-c+p)}{b-c+p}\right),\qquad \sigma_2=F^{-1}\left(\frac{b-\tau-c+p+\alpha b}{b-c+p}\right).$$

则

$$Q_\alpha=\frac{(b-c)\sigma_1+p\sigma_2}{b-c+p}.$$

利用复合函数的求导法则,

$$\frac{\partial\sigma_1}{\partial b}=\frac{(1-\alpha)\tau}{f(\sigma_1)(b-c+p)^2},\qquad \frac{\partial\sigma_2}{\partial b}=\frac{\tau-\alpha c+\alpha p}{f(\sigma_2)(b-c+p)^2}.$$

从而

$$\frac{\partial Q_\alpha}{\partial b}=\frac{\sigma_1(b-c+p)^2+(b-c)\dfrac{(1-\alpha)\tau}{f(\sigma_1)}+p\dfrac{\tau-\alpha c+\alpha p}{f(\sigma_2)}-\big((b-c)\sigma_1+p\sigma_2\big)(b-c+p)}{(b-c+p)^3}$$

$$=\frac{(b-c)\dfrac{(1-\alpha)\tau}{f(\sigma_1)}+p\dfrac{\tau-\alpha c+\alpha p}{f(\sigma_2)}-p(b-c+p)(\sigma_2-\sigma_1)}{(b-c+p)^3},$$

$$\frac{\partial Q_\alpha}{\partial p}=\frac{b(1-\alpha)\left(\dfrac{b-c}{f(\sigma_1)}+\dfrac{p}{f(\sigma_2)}\right)-p(b-c+p)(\sigma_2-\sigma_1)}{(b-c+p)^3}.$$

当

$$b(1-\alpha)\left(\frac{b-c}{f(\sigma_1)}+\frac{p}{f(\sigma_2)}\right)-p(b-c+p)(\sigma_2-\sigma_1)\geqslant 0$$

时, Q_α 关于商品的零售价 b 单调递增, 反之, 单调递减. 证毕

性质 8.1.2 风险厌恶采购商基于收益条件风险值最大的期权采购量关于商品的期权执行价 c 单调.

证明 与性质 8.1.2 的证明类似, 由

$$Q_\alpha=\frac{(b-c)\sigma_1+p\sigma_2}{b-c+p}$$

和

$$\frac{\partial\sigma_1}{\partial c}=\frac{-(1-\alpha)\tau}{f(\sigma_1)(b-c+p)^2},\qquad \frac{\partial\sigma_2}{\partial c}=\frac{-\tau+\alpha b}{f(\sigma_2)(b-c+p)^2}$$

知

$$\frac{\partial Q_\alpha}{\partial c}=\frac{(b-c)\dfrac{-(1-\alpha)\tau}{f(\sigma_1)}+p\dfrac{-\tau+\alpha b}{f(\sigma_2)}+\big(p^2\sigma_1+(b-c)p\sigma_1+p\sigma_2\big)(b-c+p)}{(b-c+p)^3}.$$

当该式为正时, Q_α 关于商品的期权执行价 c 单调递增, 反之, 单调递减. 证毕

上述结论与以收益期望值最大化为目标的风险中性采购商的期权采购量的结论不一致. 实际上, 由最优期权采购量的表达式, Q^* 关于商品的零售价单调递增, 而关于商品的期权执行价单调递减. 下面通过例子来说明.

例 8.1.1 考虑某采购商的最优期权采购决策问题. 假设市场需求服从均匀分布 $U[m,n]$. 由定理 8.1.1, 该情形下风险厌恶采购商基于 CVaR 效益最大的期权采购量为

$$Q_\alpha = \frac{[(b-\tau-c)(1-\alpha)+p](n-m)}{b-c+p} + m.$$

由

$$\frac{\partial Q_\alpha}{\partial p} = \frac{[(1-\alpha)b-\alpha p](n-m)}{(b-c+p)^2}$$

知, 当 $(1-\alpha)b-\alpha p \geqslant 0$ 时, Q_α 关于商品零售价 p 单调递增, 反之, 则单调递减. 再由

$$\frac{\partial Q_\alpha}{\partial c} = -\frac{[(1-\alpha)b-\alpha p](n-m)}{(b-c+p)^2}$$

知, 当 $(1-\alpha)b-\alpha r \geqslant 0$ 时, Q_α 关于商品期权执行价 c 单调递减, 反之, 单调递增.

类似可证如下结论.

性质 8.1.3　风险厌恶采购商基于收益条件风险值最大的期权采购量关于商品的期权采购价 τ 单调递减, 关于商品的缺货惩罚成本 p 单调递增.

该结论表明, 当商品的期权采购价增加时, 采购商的期权采购成本增加, 相应的采购风险增大, 因此采购商应当降低采购量以规避潜在风险. 而当商品的缺货惩罚成本增加时, 采购商的采购不足成本增加, 相应的缺货风险增大, 因此采购商应增加期权采购量以降低缺货风险.

性质 8.1.4　风险厌恶采购商基于收益条件风险值最大的期权采购量关于采购商的风险系数 α 单调.

证明　同样, 记

$$\sigma_1 = F^{-1}\left(\frac{(1-\alpha)(b-\tau-c+p)}{b-c+p}\right), \qquad \sigma_2 = F^{-1}\left(\frac{b-\tau-c+p+\alpha b}{b-c+p}\right).$$

则

$$Q_\alpha = \frac{(b-c)\sigma_1 + p\sigma_2}{b-c+p}.$$

由

$$\frac{\sigma_1}{\partial\alpha} = \frac{-(b-\tau-c+p)}{f(\sigma_1)(b-c+p)}, \qquad \frac{\sigma_2}{\partial\alpha} = \frac{b}{f(\sigma_2)(b-c+p)}$$

知

$$\frac{\partial Q_\alpha}{\partial\alpha} = \frac{1}{(b-c+p)^2}\left(\frac{pb}{f(\sigma_2)} - \frac{(b-c)(b-\tau-c+p)}{f(\sigma_1)}\right).$$

当

$$\left(\frac{pb}{f(\sigma_2)} - \frac{(b-c)(b-\tau-c+p)}{f(\sigma_1)}\right) \geqslant 0$$

时, Q_α 关于采购商的风险水平单调递增, 反之, 单调递减.　　证毕

下面讨论采购商减少或增加其期权采购量以降低面临的潜在风险时对收益期望值的影响.

定理 8.1.2 风险厌恶采购商基于 CVaR 效益最大的期权采购量 Q_α 所对应的收益期望值关于采购商的风险厌恶度 α 单调递减.

证明 根据 (8.1.1), 由采购量为 Q 时的收益

$$C(Q) = (b - \tau - c + p)Q - pD - (b - c + p)(Q - D)_+$$

得收益期望值

$$E[C(Q)] = \int_0^Q [(b-c)x - \tau Q]\,\mathrm{d}F(x) + \int_Q^{+\infty} [(b - \tau - c + p)Q - px]\,\mathrm{d}F(x),$$

将 Q_α 代入上式, 并对 α 求导得

$$\frac{\partial E[C(Q_\alpha)]}{\partial \alpha} = [(b - \tau - c + p) - (b - c + p)F(Q_\alpha)]\frac{\partial Q_\alpha}{\partial \alpha}.$$

根据性质 8.1.4, 如果 Q_α 关于采购商的风险系数 α 单调递增, 则 $\dfrac{\partial Q_\alpha}{\partial \alpha} \geqslant 0$ 且 $Q_\alpha \geqslant Q^*$, 其中

$$Q^* = F^{-1}\left(\frac{b - \tau - c + p}{b - c + p}\right).$$

此时,

$$(b - \tau - c + p) - (b - c + p)F(Q^\alpha) \leqslant (b - \tau - c + p) - (b - c + p)F(Q^*) = 0$$

且

$$\frac{\partial E[C(Q_\alpha)]}{\partial \alpha} \leqslant 0.$$

从而 $E[C(Q_\alpha)]$ 关于风险系数 α 单调递减.

如果 Q_α 关于采购商的风险系数 α 单调递减, 则 $\dfrac{\partial Q_\alpha}{\partial \alpha} \leqslant 0$ 且 $Q_\alpha \leqslant Q^*$. 则

$$(b - \tau - c + p) - (b - c + p)F(Q^\alpha) \geqslant (b - \tau - c + p) - (b - c + p)F(Q^*) = 0.$$

从而

$$\frac{\partial E[C(Q_\alpha)]}{\partial \alpha} \leqslant 0.$$

故 $E[C(Q_\alpha)]$ 关于风险系数 α 单调递减. 证毕

该结论说明基于条件风险值效益最大的期权采购量所对应的收益期望值将随着采购商的风险厌恶度的增加而减小. 换言之, 随着采购商风险厌恶度的增加, 采购商对潜在风险的厌恶程度增大, 采购商给出的采购量将会得到较低的收益期望值.

8.2 带紧急补货的损失厌恶型零售商的期权订购决策

考虑带紧急补货的损失厌恶型零售商的期权订购模型. 先给出有关记号.

记零售商的期权订购价格为 τ, 期权执行价格为 c, 商品的零售价格为 b. 若出现缺货, 设零售商可以紧急补货, 并设紧急补货价格为 κ, 紧急补货率为 β. 并设市场需求服从概率密度函数和分布函数分别为 $f(x)$ 和 $F(x)$ 的概率分布. 对期权采购量 Q 和市场需求 D, 若不考虑缺货惩罚成本, 则零售商的收益为

$$C(Q) = (b-c)\min\{Q, D\} - \tau Q + \beta(b-\kappa)(D-Q)_+. \tag{8.2.1}$$

定义损失厌恶函数

$$U\big(C(Q)\big) = \begin{cases} C(Q), & C(Q) > 0, \\ \mu C(Q), & C(Q) \leqslant 0. \end{cases} \tag{8.2.2}$$

其中, $\mu \geqslant 1$ 为损失厌恶系数: μ 越大, 零售商对损失的厌恶程度就越大. 若 $\mu = 1$, 就退化为风险中型零售商.

对损失厌恶型零售商, 根据 (8.2.1), 零售商的收益函数为

$$C(Q) = \begin{cases} (b-c)D - \tau Q, & D < Q, \\ \big(b-\tau-c-\beta(b-\kappa)\big)Q + \beta(b-\kappa)D, & Q \leqslant D. \end{cases}$$

根据上式, 当 $D < Q$ 时, 不会产生缺货. 此时, 零售商的收益函数 $C(Q)$ 的盈亏点为 $D_1 = \dfrac{\tau Q}{b-c}$. 即当 $D \leqslant D_1$ 时, $C(Q) \leqslant 0$, 而当 $D > D_1$ 时, $C(Q) > 0$.

首先给出损失厌恶型零售商基于预期收益期望值最大的期权订购量.

定理 8.2.1 损失厌恶型零售商基于预期收益期望值最大的期权订购量为

$$Q = \begin{cases} 0, & b-\tau-c-\beta(b-\kappa) \leqslant 0, \\ \text{满足 (8.2.3)}, & \text{否则}, \end{cases}$$

其中,

$$b(\mu-1)F\left(\frac{\tau Q}{b-c}\right) + \big(b-c-\beta(b-\kappa)\big)F(Q) - \big(b-\tau-c-\beta(b-\kappa)\big) = 0. \tag{8.2.3}$$

证明 由前面的讨论, 风险厌恶型零售商的损失厌恶预期收益函数为

$$U\big(C(Q)\big)=\begin{cases}\mu P_1(Q)=\mu(b-c)D-\mu\tau Q, & D<D_1,\\ P_1(Q)=(b-c)D-\tau Q, & D_1\leqslant D<Q,\\ P_2(Q)=\big(b-\tau-c-\beta(b-\kappa)\big)Q+\beta(b-\kappa)D, & Q\leqslant D.\end{cases}$$

由此得零售商的预期收益期望值

$$\begin{aligned}E[U(C(Q))]=&\int_0^{\frac{\tau Q}{b-c}}\mu[(b-c)x-\tau Q]\,\mathrm{d}F(x)+\int_{\frac{\tau Q}{b-c}}^{Q}[(b-c)x-\tau Q]\,\mathrm{d}F(x)\\&+\int_Q^{\infty}\big[\big(b-\tau-c-\beta(b-\kappa)\big)Q+\beta(b-\kappa)x\big]\,\mathrm{d}F(x).\end{aligned}\qquad(8.2.4)$$

计算该函数关于 Q 的一阶导数得

$$\begin{aligned}E'[U(C(Q))]=&-\tau(\mu-1)F\Big(\frac{\tau Q}{b-c}\Big)-\big(b-c-\beta(b-\kappa)\big)F(Q)\\&+\big(b-\tau-c-\beta(b-\kappa)\big).\end{aligned}$$

当 $b-\tau-c-\beta(b-\kappa)\leqslant 0$ 时,

$$E'[U(C(Q))]\leqslant 0.$$

从而损失厌恶型零售商的预期收益期望值 $E[U(C(Q))]$ 在 $Q=0$ 处取最大值, 即最优期权订购量为零. 否则, $b-\tau-c-\beta(b-\kappa)>0$. 此时, 由零售商的预期收益关于 Q 单调递减, 且在 Q 充分大时 $E'[U(C(Q))]<0$ 知, 零售商的最优期权采购量为导数零点, 即满足

$$\tau(\mu-1)F\left(\frac{\tau Q^*}{b-c}\right)+(b-c-\beta(b-c))F(Q^*)-(b-\tau-c-\beta(b-c))=0.$$

证毕

例 8.2.1 考虑如下损失厌恶型零售商的最优期权订购决策问题. 假设市场需求服从均匀分布 $U[0,1000]$, 商品的零售价为 $b=10$, 期权订购价为 $\tau=2$, 期权执行价为 $c=4$, 紧急补货率为 $\beta=0.9$, 损失厌恶系数为 $\mu=2$. 则对紧急补货价格 $\kappa=7$, 零售商的期望损失厌恶效用 $E[U(C(Q))]$ 与期权采购量 Q 之间的变化情况如图 8.2.1. 对紧急补货价格 $\kappa=5$, 损失厌恶型零售商的收益期望值 $E[U(C(Q))]$ 与期权采购量 Q 之间的变化情况如图 8.2.2.

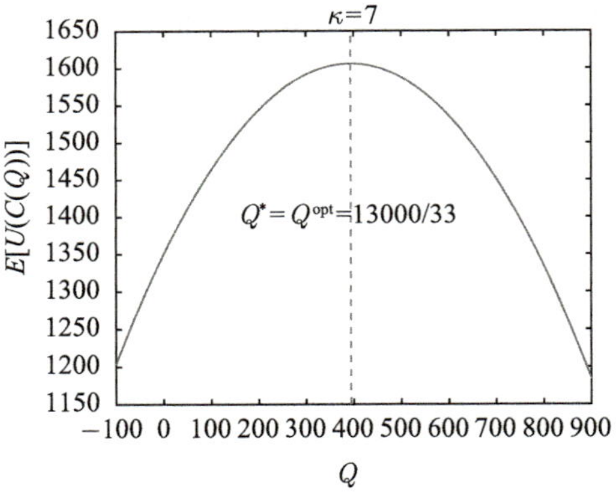

图 8.2.1　$\kappa = 7$ 时损失厌恶效用 $E[U(C(Q))]$ 与期权采购量 Q 之间的变化关系

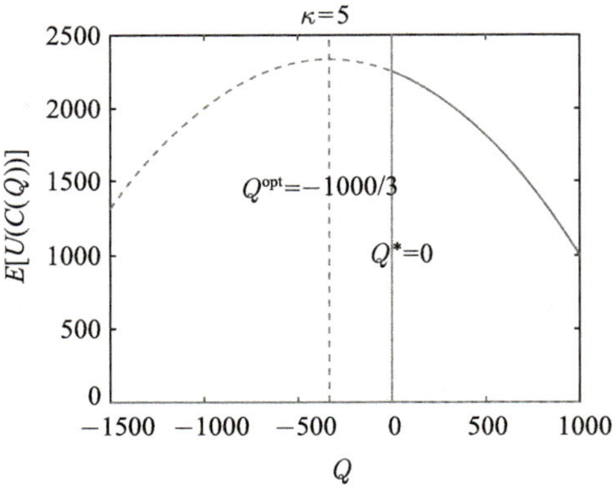

图 8.2.2　$\kappa = 5$ 时损失厌恶效用 $E[U(C(Q))]$ 与期权采购量 Q 之间的变化关系

由图 8.2.1, 当紧急补货价格 $\kappa = 7$ 时, $\kappa > b + c$ 和 $\beta < \dfrac{b-\tau-c}{b-\kappa}$. 此时, 损失厌恶型零售商的收益期望值$E[U(C(Q))]$ 在 $Q = 13000/33$ 时取得最大值. 然而, 由图 8.2.2, 当 $\kappa = 5$ 时, $\kappa < b + c$ 和 $\beta > \dfrac{b-\tau-c}{b-\kappa}$. 此时, 损失厌恶型零售商的收益期望值 $E[U(C(Q))]$ 在 $Q = -1000/3$ 时取得最大值, 但是由于期权采购量 Q 不能为负值, 所以由图 8.2.2 知该情形下使得损失厌恶型零售商的收益期望值 $E[U(C(Q))]$ 取得最大值的期权订购量为零.

下面讨论相关决策因素对最优期权采购量的影响.

性质 8.2.1　损失厌恶型零售商基于预期收益期望值最大的期权采购量 Q^* 关于商品的零售价 p 单调递增.

证明　仅考虑 $b - \tau - c - \beta(b - \kappa) > 0$ 的情形. 由定理 8.2.1,

$$b(\mu-1)F\left(\frac{bQ^*}{b-c}\right)+\big(b-c-\beta(b-\kappa)\big)F(Q^*)-\big(b-\tau-c-\beta(b-\kappa)\big)=0.$$

故

$$\frac{\partial Q^*}{\partial p}=\frac{(1-\beta)(b-c)^2\big(1-F(Q^*)\big)+b^2Q^*(\mu-1)f\left(\dfrac{bQ^*}{b-c}\right)}{b^2(\mu-1)(b-c)f\left(\dfrac{bQ^*}{b-c}\right)+(b-\kappa)^2\big(b-c-\beta(b-\kappa)\big)f(Q^*)}\geqslant 0.$$

即 Q^* 关于 p 单调递增. 证毕

该结论表明: 商品零售价的增大会增加期权采购的收益. 如果零售商的损失厌恶程度增大, 应当增加期权采购量.

性质 8.2.2 损失厌恶型零售商基于预期收益期望值最大的期权采购量 Q^* 关于商品的期权执行价 c 单调递减.

证明 仅考虑 $b-\tau-c-\beta(b-\kappa)>0$ 的情形. 此时, 由定理 8.2.1,

$$b(\mu-1)F\left(\frac{bQ^*}{b-c}\right)+\big(b-c-\beta(b-\kappa)\big)F(Q^*)-\big(b-\tau-c-\beta(b-\kappa)\big)=0.$$

故

$$\frac{\partial Q^*}{\partial c}=-\frac{(b-c)^2\big(1-F(Q^*)\big)+b^2Q^*(\mu-1)f\left(\dfrac{bQ^*}{b-c}\right)}{b^2(\mu-1)(b-\kappa)f\left(\dfrac{bQ^*}{b-c}\right)+(b-\kappa)^2\big(b-c-\beta(b-\kappa)\big)f(Q^*)}\leqslant 0,$$

即 Q^* 关于 c 单调递减. 证毕

该结论表明: 期权执行价的增大会加大采购决策的成本. 如果零售商的损失厌恶程度增大, 应当减少期权采购量.

性质 8.2.3 损失厌恶型零售商基于损失厌恶效益期望值最大化的期权采购量 Q^* 关于商品的期权采购价 τ 单调递减.

证明 仅考虑 $b-\tau-c-\beta(b-\kappa)>0$ 的情形. 此时, 由定理 8.2.1,

$$b(\mu-1)F\left(\frac{bQ^*}{b-c}\right)+\big(b-c-\beta(b-\kappa)\big)F(Q^*)-\big(b-\tau-c-\beta(b-\kappa)\big)=0.$$

故

$$\frac{\partial Q^*}{\partial \tau}=-\frac{(b-c)+(b-\kappa)(\mu-1)F\left(\dfrac{bQ^*}{b-c}\right)+bQ^*(\mu-1)f\left(\dfrac{bQ^*}{b-c}\right)}{b^2(\mu-1)f\left(\dfrac{bQ^*}{b-c}\right)+(b-\kappa)\big(b-c-\beta(b-\kappa)\big)f(Q^*)}\leqslant 0,$$

即 Q^* 关于 τ 单调递减. 证毕

该结论表明: 期权采购价的增大会加大期权采购的成本. 如果零售商的损失厌恶程度增大, 应当减少期权采购量.

性质 8.2.4 损失厌恶型零售商基于损失厌恶效益期望值最大化的期权采购量 Q^* 关于商品的紧急补货价 κ 单调递增.

证明 仅考虑 $b-\tau-c-\beta(b-\kappa)>0$ 的情形. 此时, 由定理 8.2.1,

$$b(\mu-1)F\left(\frac{bQ^*}{b-c}\right)+\big(b-c-\beta(b-\kappa)\big)F(Q^*)-\big(b-\tau-c-\beta(b-\kappa)\big)=0.$$

故

$$\frac{\partial Q^*}{\partial \kappa}=\frac{\beta(b-\kappa)\big(1-F(Q^*)\big)}{b^2(\mu-1)f\left(\dfrac{bQ^*}{b-c}\right)+(b-\kappa)\big(b-c-\beta(b-\kappa)\big)f(Q^*)}\geqslant 0,$$

即 Q^* 关于 κ 单调递增. 证毕

该结论表明: 紧急补货价的增大会加大期权采购不足带来的损失. 如果零售商的损失厌恶程度增大, 应当增加其期权采购量以降低该损失.

性质 8.2.5 损失厌恶型零售商基于损失厌恶效益期望值最大化的期权采购量 Q^* 关于紧急补货率 β 单调递增.

证明 仅考虑 $b-\tau-c-\beta(b-\kappa)>0$ 的情形. 此时, 由定理 8.2.1,

$$b(\mu-1)F\left(\frac{bQ^*}{b-c}\right)+\big(b-c-\beta(b-\kappa)\big)F(Q^*)-\big(b-\tau-c-\beta(b-\kappa)\big)=0.$$

故

$$\frac{\partial Q^*}{\partial \beta}=-\frac{(b-\kappa)(b-c)\big(1-F(Q^*)\big)}{b^2(\mu-1)f\left(\dfrac{\tau Q^*}{b-c}\right)+(b-\kappa)\big(b-c-\beta(b-\kappa)\big)f(Q^*)}\leqslant 0,$$

即 Q^* 关于 β 单调递减. 证毕

该结论表明: 紧急补货率的增大可以减少期权采购不足带来的损失. 如果零售商的损失厌恶程度增大, 应当减少其期权采购量.

性质 8.2.6 损失厌恶型零售商基于损失厌恶效益期望值. 最大化的期权采购量 Q^* 关于损失厌恶系数 μ 单调递减.

证明 仅考虑 $b-\tau-c-\beta(b-\kappa)>0$ 的情形. 此时, 由定理 8.2.1,

$$b(\mu-1)F\left(\frac{bQ^*}{b-c}\right)+\big(b-c-\beta(b-\kappa)\big)F(Q^*)-\big(b-\tau-c-\beta(b-\kappa)\big)=0.$$

故

$$\frac{\partial Q^*}{\partial \mu}=-\frac{(b-c)\big(1-F(Q^*)\big)}{b(\mu-1)f\left(\dfrac{\tau Q^*}{b-c}\right)}\leqslant 0,$$

即 Q^* 关于 μ 单调递减. 证毕

因为不考虑缺货损失, 零售商的损失仅仅来自于对期权的过量采购, 因此, 当零售商损失厌恶程度增大时, 应当减少期权采购量以避免或降低该损失.

损失厌恶系数 μ 反映了零售商对损失的厌恶水平. 性质 8.2.6 表明当零售商的损失厌恶程度增大时, 其期权采购量会相应减少. 那么, 该情形下零售商的期望损失厌恶效用会如何变化? 对此, 我们有如下结论.

性质 8.2.7 零售商基于期望损失厌恶效用最大化的采购量所对应的期望损失厌恶效用 $E[U(C(Q^*))]$ 关于损失厌恶系数 μ 单调递减.

证明 由前面的讨论, 损失厌恶型零售商在期权采购量为 Q 时的收益函数为

$$C(Q)=\begin{cases}P_1(Q)=(b-c)D-\tau Q, & D<Q,\\ P_2(Q)=[b-\tau-c-\beta(b-\kappa)]Q+\beta(b-\kappa)D, & Q\leqslant D.\end{cases}$$

则对应的损失厌恶函数期望值为

$$\begin{aligned}E[U(C(Q))]=&\int_0^Q[(b-c)t-\tau Q]\,\mathrm{d}F(t)\\&+\int_Q^{\infty}\big[\big(b-\tau-c-\beta(b-\kappa)\big)Q+\beta(b-\kappa)t\big]\,\mathrm{d}F(t).\end{aligned}$$

将 Q^* 代入上式, 并对 μ 求导得

$$\frac{\partial E[U(C(Q^*))]}{\partial \mu}=\big[\big(b-\tau-c-\beta(b-\kappa)\big)-\big(b-c-\beta(b-\kappa)\big)F(Q^*)\big]\frac{\partial Q^*}{\partial \mu}. \tag{8.2.5}$$

根据性质 8.2.6, Q^* 关于 μ 单调递减, 即

$$\frac{\partial Q^*}{\partial \mu}\leqslant 0. \tag{8.2.6}$$

根据定理 8.2.1, 如果 $b-\tau-c-\beta(b-\kappa)\leqslant 0$, 则 $Q^*=0$. 此时,

$$\frac{\partial E[U(C(Q^*))]}{\partial \mu}=0.$$

否则, $b-\tau-c-\beta(b-\kappa)\geqslant 0$, Q^* 满足

$$b(\mu-1)F\left(\frac{\tau Q^*}{b-c}\right)+\big(b-c-\beta(b-\kappa)\big)F(Q^*)-\big(b-\tau-c-\beta(b-\kappa)\big)=0.$$

则

$$\big(b-\tau-c-\beta(b-\kappa)\big)-\big(b-c-\beta(b-\kappa)\big)F(Q^*)=b(\mu-1)F\left(\frac{\tau Q^*}{b-\kappa}\right)\geqslant 0. \tag{8.2.7}$$

由 (8.2.5)—(8.2.7) 得

$$\frac{\partial E[U(C(Q^*))]}{\partial\mu}\leqslant 0.$$

即 $E[U(C(Q^*))]$ 关于损失厌恶系数 μ 单调递减.　　证毕

第 9 章 市场需求依赖库存的供应链库存管理

供应链由多个独立的企业组成. 它们各自为政, 追求自身效益最大化, 难免会损害供应链的整体效益, 产生 “双重边际效应”. 为协调供应链上企业之间的利益, 使企业成员实现互利共赢, 供应链协调机制应运而生. 本章讨论市场需求依赖库存的供应链库存管理 (主要内容摘自文献 [6]).

9.1 批发契约下的供应链订单批量模型

考虑由供应商和零售商组成的二级供应链系统. 在该系统中, 供应商与零售商共同商定货物的批发价格. 设供应商单位物品的生产成本是 p, 共同约定的批发价为 c, 零售商的销售价格是 b, 剩余产品的残值是 r. 显然, $b > c > p > r$.

设市场的基本需求服从概率密度函数为 $f(x)$ 和分布函数为 $F(x)$ 的连续分布, 而实际需求会受订单批量 Q 的影响. 也就是说, 订购量越大, 市场的实际需求量会在基本需求的基础上增大, 反之亦然. 对订购量 Q, 不妨设产品的实际需求为

$$D(Q,x) = x + \alpha(Q - x - u),$$

其中, $\alpha \in (0,1)$ 是弹性需求参数, $u \geqslant 0$ 为库存参考值. 当 $Q \geqslant x + u$ 时, $D(Q,x) \geqslant x$, 即初始库存水平较高时, 实际需求大于基本需求; 当 $Q < x + u$ 时, $D(Q,x) < x$, 即初始库存水平较低时, 实际需求小于基本需求. 据此, 零售商的实际销售量为

$$\begin{aligned} s(Q,x) &= \min\{D(Q,x), Q\} \\ &= \begin{cases} x + \alpha(Q - x - u), & 0 \leqslant x \leqslant Q + \theta u, \\ Q, & x > Q + \theta u. \end{cases} \end{aligned}$$

其中, $\theta = \alpha/(1-\alpha)$. 据此, 零售商的销售量期望值为

$$\begin{aligned} S(Q) &= \int_0^{Q+\theta u} [x + \alpha(Q - x - u)] f(x)\,\mathrm{d}x + \int_{Q+\theta u}^{\infty} Q\,\mathrm{d}F(x) \\ &= \int_0^{Q+\theta u} [x + \alpha(Q - x - u)] f(x)\,\mathrm{d}x + Q - \int_0^{Q+\theta u} Q\,\mathrm{d}F(x) \\ &= Q + \int_0^{Q+\theta u} [x - Q + \alpha(Q - x - u)]\,\mathrm{d}F(x). \end{aligned}$$

利用分布积分法和 $F(0)=0$ 得

$$\begin{aligned}S(Q)&=Q+[x-Q+\alpha(Q-x-u)]F(x)|_0^{Q+\theta u}-(1-\alpha)\int_0^{Q+\theta u}F(x)\,\mathrm{d}x\\&=Q-(1-\alpha)\int_0^{Q+\theta u}F(x)\,\mathrm{d}x.\end{aligned}$$

类似地, 零售商的剩余量期望值为

$$\begin{aligned}R(Q)&=E(Q-s(x,Q))_+\\&=\int_0^{Q+\theta u}[Q-x-\alpha(Q-x-u)]\,\mathrm{d}F(x)\\&=[Q-x-\alpha(Q-x-u)]F(x)|_0^{Q+\theta u}+(1-\alpha)\int_0^{Q+\theta u}F(x)\,\mathrm{d}x\\&=(1-\alpha)\int_0^{Q+\theta u}F(x)\,\mathrm{d}x.\end{aligned}$$

这样, 批发契约下, 供应链系统在订购量为 Q 时的效益期望值为

$$\begin{aligned}E_c(Q)&=bS(Q)+rR(Q)-pQ\\&=(b-p)Q-(1-\alpha)(b-r)\int_0^{Q+\theta u}F(x)\,\mathrm{d}x.\end{aligned}$$

将该函数关于 Q 分别计算一阶和二阶导数得

$$\begin{aligned}E_c'(Q)&=(b-p)-(1-\alpha)(b-r)F(Q+\theta u),\\E_c''(Q)&=-(1-\alpha)(b-r)f(Q+\theta u).\end{aligned}$$

由于 $b>r$ 及 $\alpha\in(0,1)$, 故 $E_c''(Q)<0$. 所以 $E\pi_c(Q)$ 关于 Q 为凹函数. 故使供应链效益最大化的订购量为收益期望函数 $E_c(Q)$ 的导数零点. 由此得到如下结论.

定理 9.1.1　在批发契约下, 使供应链系统的预期收益期望值最大的订购量为

$$Q_c^*=F^{-1}\left(\frac{b-p}{(1-\alpha)(b-r)}\right)-\theta u.$$

9.2　带回购契约的供应链订单批量模型

为提高供应链系统的效益, 我们在零售商和供应商之间建立剩余品回购契约, 即双方约定, 在系统运行结束后, 供应商将对零售商未销售完的产品进行回收, 回收价格共同约定. 也就是供应商与零售商共同分担残余库存带来的风险.

对此系统, 我们增加以下符号：供应商对剩余产品的回购价格为 τ. 不失一般性, 我们假设 $b > c > p > \tau > r$.

根据 9.1 节的讨论, 对订购量 Q, 批发契约下零售商的销售量期望值和剩余量期望值分别为

$$S(Q) = Q - (1-\alpha)\int_0^{Q+\theta u} F(x)\,\mathrm{d}x, \qquad R(Q) = (1-\alpha)\int_0^{Q+\theta u} F(x)\,\mathrm{d}x.$$

故在批发契约下, 零售商和供应商的效益期望值分别为

$$\begin{aligned}
E_r(Q) &= bS(Q) + rR(Q) - cQ \\
&= (b-c)Q - (1-\alpha)(b-r)\int_0^{Q+\theta u} F(x)\,\mathrm{d}x, \\
E_s(Q) &= (c-p)Q.
\end{aligned}$$

与定理 9.1.1 同样的证明方式, 可得批发契约下零售商的最优订购量

$$Q_r^* = F^{-1}\left(\frac{b-c}{(1-\alpha)(b-r)}\right) - \theta u.$$

由于 $c > p$, 故在批发契约下, 使供应链系统收益最大的订购量大于使零售商收益最大的订购量, 即 $Q_c^* > Q_r^*$. 这就是说, 在批发契约下, 零售商会选择较小的补货量 Q_r^*, 而不会选使供应链系统收益最大化的补货量 Q_c^*.

下面, 我们在零售商和供应商之间建立回购契约, 让该契约下的最优补货量既能使零售商的收益极大化, 也能使供应链系统的收益最大化.

首先, 在回购契约下, 对订购量 Q, 零售商和供应链系统的收益分别为

$$\begin{aligned}
E_{br}(Q) &= bS(Q) + \tau R(Q) - cQ \\
&= (b-c)Q - (1-\alpha)(b-\tau)\int_0^{Q+\theta u} F(x)\,\mathrm{d}x, \\
E_c(Q) &= bS(Q) + rR(Q) - pQ \\
&= (b-p)Q - (1-\alpha)(b-r)\int_0^{Q+\theta u} F(x)\,\mathrm{d}x.
\end{aligned}$$

求上述函数的导数零点, 得回购契约下使零售商和供应链收益最大的订购量

$$Q_{br}^* = F^{-1}\left(\frac{b-c}{(1-\alpha)(b-\tau)}\right) - \theta u, \quad Q_c^* = F^{-1}\left(\frac{b-p}{(1-\alpha)(b-r)}\right) - \theta u.$$

定理 9.2.1　若供应商对剩余产品的回购价 τ 满足

$$\tau = \frac{b-r}{b-p}c - b\frac{p-r}{b-p}, \tag{9.2.1}$$

则订购量 Q_{br}^* 可使零售商和供应链系统的效益期望值同时达到最优.

证明　显然,

$$
\begin{aligned}
(9.2.1)\text{成立} &\Leftrightarrow \tau(b-p)=c(b-r)-b(p-r)\\
&\Leftrightarrow \tau b-\tau p=bc-cr-bp+br\\
&\Leftrightarrow b^2+\tau b-\tau p=b^2+bc-cr-bp+br\\
&\Leftrightarrow b(b-c)+p(b-\tau)=b(b-\tau)+r(b-c)\\
&\Leftrightarrow (b-r)(b-c)=(b-p)(b-\tau)\\
&\Leftrightarrow \frac{b-c}{b-\tau}=\frac{b-p}{b-r}.
\end{aligned}
\tag{9.2.2}
$$

由此, $Q_{br}^*=Q_c^*$. 即 (9.2.1) 给出的回购价可保证零售商和供应链系统的收益都达到最大.　证毕

由上述结论的证明过程, (9.2.1) 式可在回购契约下使得零售商收益最大化的订购量等于使供应链系统的收益最大化的订购量. 但供应链双方在确定回购契约时, 零售商和供应商都会和批发价契约情形下各自的收益期望值进行比较, 并在对自己有利时选择回购契约, 而当有一方的收益期望值低于批发价契约下的效益期望值时, 选择拒绝使用新契约. 也就是说, 零售商和供应商能执行回购契约, 其最大收益期望值不能低于批发契约下的最大收益期望值. 为此, 记回购契约下供应商的收益期望值

$$
\begin{aligned}
E_{bs}(Q)&=(c-p)Q-(\tau-r)R(Q)\\
&=(c-p)Q-(1-\alpha)(\tau-r)\int_0^{Q+\theta u}F(x)\,\mathrm{d}x.
\end{aligned}
$$

并记零售商在批发契约和回购契约下的最优补货量分别为 Q_r^*, Q_c^*. 供应商和零售商在批发契约和回购契约下最优补货策略的收益期望值分别记为

$$
E_r^*=E_r(Q_r^*),\quad E_s^*=E_s(Q_r^*),\quad E_{br}^*=E_{br}(Q_c^*),\quad E_{bs}^*=E_{bs}(Q_c^*),
$$

并记供应链系统在最优补货策略下的收益期望值为 $E_c^*=E_c(Q_c^*)$.

显然, 要使供应链双方都接受回购契约, 契约参数应满足

$$
\begin{cases}
E_{br}^*\geqslant E_r^*,\\
E_{bs}^*\geqslant E_s^*.
\end{cases}
\tag{9.2.3}
$$

下面的结论告诉我们, 若批发价 c 和回购价 τ 满足一定条件, 该目标可以实现.

定理 9.2.2 在回购契约下, 若回购价满足 (9.2.1), 批发价 c 满足

$$p+\frac{(b-p)E\pi_s^*}{E\pi_c^*}\leqslant c\leqslant b-\frac{(b-p)E\pi_r^*}{E\pi_c^*}, \tag{9.2.4}$$

则回购契约能够协调供应链.

证明 在回购契约下, 根据定理 9.2.1, 若 (9.2.1) 成立, 则

$$Q_{br}^*=Q_c^*=F^{-1}\left(\frac{b-c}{(1-\alpha)(b-\tau)}\right)-\theta u,$$

即零售商和供应链系统的效益期望值同时达到最优.

显然, 供应链系统、零售商和供应商在不同契约下最优补货量的收益期望值分别为

$$E_c^*=E_c(Q)=(b-p)Q-(1-\alpha)(b-r)\int_0^{Q+\theta u}F(x)\,\mathrm{d}x,$$

$$E_{br}^*=E_{br}(Q)=(b-c)Q-(1-\alpha)(b-\tau)\int_0^{Q+\theta u}F(x)\,\mathrm{d}x,$$

$$E_{bs}^*=E_{bs}(Q)=(c-p)Q-(1-\alpha)(\tau-r)\int_0^{Q+\theta u}F(x)\,\mathrm{d}x.$$

由第一式得

$$\int_0^{Q_c+\theta u}F(x)\,\mathrm{d}x=\frac{(b-p)Q_c-E\pi_c^*}{(1-\alpha)(b-r)}.$$

从而

$$\begin{aligned}E_{br}^*&=(b-c)Q_c-(1-\alpha)(b-\tau)\int_0^{Q_c+\theta u}F(x)\,\mathrm{d}x\\&=(b-c)Q_c-(b-\tau)\frac{(b-p)Q_c-E\pi_c^*}{b-r}\\&=\frac{(b-r)(b-c)Q_c-(b-\tau)(b-p)Q_c+(b-\tau)E_c^*}{b-r}.\end{aligned}$$

根据 (9.2.2), $(b-c)(b-r)=(b-p)(b-\tau)$. 故上式可以写成

$$E_{br}^*=\frac{b-\tau}{b-r}E_c^*, \tag{9.2.5}$$

又 $\dfrac{b-c}{b-p}=\dfrac{b-\tau}{b-r}$, 所以

$$E_{br}^*=\frac{b-c}{b-p}E_c^*.$$

类似地,

$$E_{bs}^* = (c-p)Q_c - (1-\alpha)(\tau - r)\int_0^{Q_c+\theta u} F(x)\,\mathrm{d}x$$

$$= (c-p)Q_c - (\tau - r)\frac{(b-p)Q_c - E\pi_c^*}{b-r}$$

$$= \frac{(b-r)(c-p)Q_c - (\tau-r)(b-p)Q_c + (\tau-r)E\pi_c^*}{b-r}$$

$$= \frac{(bc - bp - rc - \tau b + br + \tau p)Q_c + (\tau - r)E\pi_c^*}{b-r}.$$

由 (9.2.2) 的推导过程,

$$(9.2.1)\text{成立} \Leftrightarrow \tau b - \tau p = bc - cr - bp + br.$$

基于此并结合 $(b-c)(b-r)=(b-p)(b-\tau)$, 得

$$E_{bs}^* = \frac{(\tau-r)E\pi_c^*}{b-r} = \frac{(b-r)-(b-\tau)}{b-r}E\pi_c^*$$

$$= \left(\frac{b-r}{b-r} - \frac{b-\tau}{b-r}\right)E\pi_c^* = \left(\frac{b-p}{b-p} - \frac{b-c}{b-p}\right)E\pi_c^* = \frac{c-p}{b-p}E_c^*. \tag{9.2.6}$$

由于在批发契约下, $Q_c^* > Q_r^*$. 故 $E\pi_c^* > E\pi_r^* + E^*\pi_s$. 从而

$$\frac{(b-p)(E_c^* - (E_r^* + E_s^*))}{E_c^*} = \left(b - \frac{(b-p)E_r^*}{E_c^*}\right) - \left(p + \frac{(b-p)E_s^*}{E_c^*}\right) > 0.$$

所以, 若批发价 c 满足

$$p + \frac{(b-p)E\pi_s^*}{E\pi_c^*} \leqslant c \leqslant b - \frac{(b-p)E\pi_r^*}{E\pi_c^*},$$

则

$$c - p \geqslant \frac{(b-p)E\pi_s^*}{E\pi_c^*}, \quad b - c \geqslant \frac{(b-p)E\pi_r^*}{E\pi_c^*}.$$

也就是

$$E\pi_s^* \leqslant \frac{c-p}{b-p}E\pi_c^*, \quad E\pi_r^* \leqslant \frac{b-c}{b-p}E\pi_c^*.$$

由 (9.2.5) 和 (9.2.6),

$$E\pi_s^* \leqslant E_{bs}^*, \quad E\pi_r^* \leqslant E_{br}^*.$$

这样, 对批发契约下的最优补货策略, 零售商和供应商的收益期望值均不大于回购契约下各自的最大收益期望值, 供应链实现协调. 证毕

9.3 收益共享契约下损失厌恶型零售商的供应链协调

对带随机需求的供应链系统, 任何决策都有风险. 而对同样额度的盈利和损失, 零售商的心理落差不是完全相等的. 对损失过度关注的零售商就是损失厌恶型零售商. 对补货决策 Q 下产生的收益 $C(Q,x)$, 其损失厌恶行为可通过如下损失厌恶函数刻画

$$U(C(Q,x))=\begin{cases} C(Q,x), & C(Q,x)>0,\\ \mu C(Q,x), & C(Q,x)\leqslant 0.\end{cases}$$

其中, $\mu\geqslant 1$ 为损失厌恶度.

先考虑批发契约下市场需求依赖库存的零售商效益. 对此, 根据 9.1 节的讨论, 对订购量 Q, 产品的实际需求量为

$$D(Q,x)=x+\alpha(Q-x-u).$$

零售商的实际销售量为

$$\begin{aligned} s(Q,x)&=\min\{D(Q,x),Q\}\\ &=\begin{cases} x+\alpha(Q-x-u), & 0\leqslant x\leqslant Q+\theta u,\\ Q, & x>Q+\theta u.\end{cases}\end{aligned}$$

其中, $\theta=\alpha/(1-\alpha)$.

据此, 对补货量 Q, 零售商的收益为

$$\begin{aligned} &C_r(Q,x)\\ =&\begin{cases} (b-c)D(Q,x)-(c-r)(Q-D(Q,x)), & 0<x\leqslant Q+\theta u,\\ (b-c)Q, & x>Q+\theta u\end{cases}\\ =&\begin{cases} (b-r)(x+\alpha(Q-x-u))-(c-r)Q, & 0<x\leqslant Q+\theta u,\\ (b-c)Q, & x>Q+\theta u\end{cases}\\ =&\begin{cases} (1-\alpha)(b-r)x+\big(\alpha(b-r)-(c-r)\big)Q-\alpha(b-r)u, & 0<x\leqslant Q+\theta u,\\ (b-c)Q, & x>Q+\theta u.\end{cases}\end{aligned}$$

据此, 当 $D(x,Q)\leqslant Q$, 即 $0<x\leqslant Q+\theta u$ 时, 零售商的效益函数为

$$C_r(Q,x)=(1-\alpha)(b-r)x+(\alpha(b-r)-(c-r))Q-\alpha(b-r)u.$$

令 $C_r(Q,x)=0$, 得零售商关于 x 的盈亏点

$$M(Q)=\frac{c-r-\alpha(b-r)}{(1-\alpha)(b-r)}Q+\theta u.$$

即当 $x\in(0,M(Q))$ 时, $C_r(Q,x)<0$, 而当 $x\in(M(Q),Q+\theta u)$ 时, $C_r(Q,x)>0$. 结合 $D(x,Q)\geqslant Q$ 的情况, 得补货量为 Q 时, 零售商的损失厌恶收益期望值函数

$$\begin{aligned}&U(C_r(Q,x))\\&=\lambda\int_0^{M(Q)}\big((1-\alpha)(b-r)x+(\alpha(b-r)-(c-r))Q-\alpha(b-r)u\big)\,\mathrm{d}F(x)\\&\quad+\int_{M(Q)}^{Q+\theta u}\big((1-\alpha)(b-r)x+(\alpha(b-r)-(c-r))Q-\alpha(b-r)u\big)\,\mathrm{d}F(x)\\&\quad+\int_{Q+\theta u}^{+\infty}(b-c)Q\,\mathrm{d}F(x).\end{aligned}$$

利用分布积分, 并将 $M(Q)$ 代入, 上述函数可简化为

$$U(C_r(Q,x))=(b-c)Q-(1-\alpha)(b-r)\left[\lambda\int_0^{M(Q)}F(x)\,\mathrm{d}x+\int_{M(Q)}^{Q+\theta u}F(x)\,\mathrm{d}x\right].$$

计算上述函数关于 Q 的导数零点即得该函数的最大值点, 即零售商的最优补货量满足

$$(b-c)-(\lambda-1)(c-r-\alpha(b-r))F(M(Q))-(1-\alpha)(b-r)F(Q+\theta u)=0. \tag{9.3.1}$$

由此得如下结论.

定理 9.3.1　批发契约下, 损失厌恶型零售商的最优订购量 Q_λ^* 由 (9.3.1) 确定. 当 $\lambda=1$ 时, 零售商是损失中性的. 此时, 零售商的最优订购量为

$$Q_r^*=F^{-1}\left(\frac{b-c}{(1-\alpha)(b-r)}\right)-\theta u.$$

代入 (9.3.1) 得

$$U'(C(Q_r))=-(\lambda-1)(c-r-\alpha(b-r))F(M(Q_r))<0.$$

故 $U(C(Q))$ 在 Q_r 点关于 Q 单调递减. 所以, 由 $U'(C(Q_r))<U'(C(Q_\lambda))=0$ 知, $Q_\lambda<Q_r$. 即 $Q_\lambda<Q_r<Q_c$. 这说明, 对风险厌恶型零售商, 批发价契约不能

实现供应链协调, 因为零售商的损失厌恶行为使其减少了订购量, 导致供应链整体收益减少.

下面通过收益共享契约建立供应链协调机制. 具体地, 供应商以较低的批发价向零售商供货, 但零售商要分给供应商一定比例的销售收入. 具体地, 供应商提供给零售商的供货价格为 c, 货物的生产成本为 p, 零售商的销售价格为 b. 零售商每卖出一件物品, 保留销售收入 γb, 而将 $(1-\gamma)b$ 返还供应商, 其中 $\gamma \in (0,1)$. 对剩余物品也是如此. 不失一般性, 设 $\gamma b > c$. 则对补货量 Q, 产品的实际需求为

$$D(Q,x) = x + \alpha(Q - x - u).$$

零售商和供应商的收益分别为

$$\begin{aligned}
C_r(Q) &= \gamma\big(b\min\{Q, D(x,Q)\} + r(Q - D(x,Q))_+\big) - cQ \\
&= \begin{cases} \gamma(b-r)D(x,Q) - (c-\gamma r)Q, & 0 < x \leqslant Q + \theta u, \\ (\gamma b - c)Q, & x > Q + \theta u \end{cases} \\
&= \begin{cases} (1-\alpha)\gamma(b-r)x - \big(c - \gamma(r + \alpha(b-r))\big)Q - \gamma(b-r)\alpha u, & 0 < x \leqslant Q + \theta u, \\ (\gamma b - c)Q, & x > Q + \theta u, \end{cases}
\end{aligned}$$

$$C_s(Q) = (1-\gamma)\big(b\min\{Q, D(x,Q)\} + r(Q - D(x,Q))_+\big) + (c-p)Q.$$

令 $C_r(Q) = 0$, 得零售商关于 x 的盈亏点 $N(Q) = \dfrac{c - \gamma(r + \alpha(b-r))}{\gamma(1-\alpha)(b-r)}Q + \theta u$. 则当 $x \in (0, N(Q))$ 时, $\pi_r(Q) < 0$; 当 $x \in (N(Q), Q + \theta u)$ 时, $\pi_r(Q) > 0$. 由 $\gamma b > c$ 知, 当 $x \in (Q + \theta u, +\infty)$ 时, $\pi_r(Q) > 0$.

收益共享机制下, 损失厌恶型零售商的损失厌恶收益期望值为

$$\begin{aligned}
& U(C_r(Q)) \\
= {} & \lambda \int_0^{N(Q)} \big((1-\alpha)\gamma(b-r)x - \big(c - \gamma(r + \alpha(b-r))\big)Q - \gamma(b-r)\alpha u\big)\,\mathrm{d}F(x) \\
& + \int_{N(Q)}^{Q+\theta u} \big((1-\alpha)\gamma(b-r)x - \big(c - \gamma(r + \alpha(b-r))\big)Q - \gamma(b-r)\alpha u\big)\,\mathrm{d}F(x) \\
& + \int_{Q+\theta u}^{+\infty} (\gamma b - c)Q\,\mathrm{d}F(x),
\end{aligned}$$

整理得

$$U(C_r(Q)) = (\gamma b - c)Q - \gamma(1-\alpha)(b-r)\left(\lambda \int_0^{N(Q)} F(x)\,\mathrm{d}x + \int_{N(Q)}^{Q+\theta u} F(x)\,\mathrm{d}x\right).$$

计算该函数关于 Q 的导数零点, 即满足下式的点

$$(\gamma b-c)-(\lambda-1)\big(c-\gamma(r+\alpha(b-r))\big)F(N(Q))-\gamma(1-\alpha)(b-r)F(Q+\theta u)=0. \tag{9.3.2}$$

得收益共享契约下使零售商的收益期望值最大的补货量, 于是有如下结论.

定理 9.3.2 在收益共享契约下, 零售商的最优订购量 Q_λ^* 由 (9.3.2) 确定.

下面的结论告诉我们, 在收益共享契约下, 零售商的损失厌恶度越大, 其订购量越小. 也就是说, 收益共享契约下, 损失厌恶型零售商的最优订购量低于损失中性零售商的最优补货量.

定理 9.3.3 在收益共享契约下, 零售商的最优订购量 Q_λ^* 关于损失厌恶度 μ 单调递减.

证明 记 (9.3.2) 左式确定的函数为 $\psi(Q)$. 为考虑满足 $\psi(Q)=0$ 确定的最优补货量 Q_λ 关于损失厌恶度 λ 的单调性, 我们将方程 $\psi(Q)=0$ 两边关于 λ 求导数得

$$\frac{\partial\psi(Q)}{\partial Q}\frac{\partial Q}{\partial\lambda}+\frac{\partial\psi(Q)}{\partial\lambda}=0.$$

所以,

$$\begin{aligned}(Q_\lambda)'&=-\frac{\psi_\lambda'(Q_\lambda)}{\psi_Q'(Q)}\\&=\frac{-\big(c-\gamma(h+\alpha(b-r))\big)F(N(Q))}{(\lambda-1)\dfrac{\big(c-\gamma(r+\alpha(b-r))\big)^2f(N(Q))}{\gamma(1-\alpha)(b-r)}+\gamma(1-\alpha)(b-h)f(Q+\theta u)}.\end{aligned}$$

容易验证, 上式非正. 命题结论得证. 证毕

定理 9.3.4 在收益共享契约下, 条件

$$c=\gamma p-(\lambda-1)\big(c-\gamma(h+\alpha(b-r))\big)F(N(Q_c)) \tag{9.3.3}$$

可使零售商的期望收益和供应链系统的效益期望值同时达到最优.

证明 由定理 9.3.1, 在批发契约下, 使供应链系统收益达到最大的订购量为

$$Q_c^*=F^{-1}\left(\frac{b-p}{(1-\alpha)(b-r)}\right)-\theta u.$$

而在收益共享契约下, 使零售商收益达到最大的订购量为满足 (9.3.2) 的 Q.

显然, 要使零售商的期望收益和供应链系统的效益期望值同时达到最优, 需有 $Q_\lambda^*=Q_c^*$. 将 Q_c^* 代入 (9.3.2) 并整理得

$$(\gamma p-c)-(\lambda-1)\big(c-\gamma\big(r+\alpha(b-r)\big)\big)F(N(Q))=0.$$

显然, 若补货价格 c 满足上式, 则可使零售商的期望收益和供应链系统的效益期望值同时达到最优. 命题结论. 证毕

根据上述结论, 当 $\lambda = 1$ 时, $c = \gamma p$, 即当零售商是损失中性时, 收益共享契约只需满足 $c = \gamma p$, 就可以实现供应链协调.

定理 9.3.5 在收益共享契约下, 若契约参数满足 (9.3.3) 式, 则最优补货量下的补货价格 c 随收益共享系数 γ 单调递增.

证明 令 $\varphi(c,\gamma) = c - \gamma p + (\lambda - 1)\big(c - \gamma(r + \alpha(b - r))\big)F(N(Q))$, 其中

$$N(Q) = \frac{c - \gamma(r + \alpha(b - r))}{\gamma(1 - \alpha)(b - r)}Q + \theta u.$$

与定理 9.3.3 同样的推导过程得

$$\begin{aligned} c'(\gamma) &= -\frac{\varphi'_\gamma(c,\lambda)}{\varphi'_c(c,\gamma)} \\ &= \frac{\begin{array}{c} p + (\lambda - 1)(r + \alpha(b - r))F(N(Q)) \\ +(\lambda - 1)\big(c - \gamma(r + \alpha(b - r))\big)\dfrac{f(N(Q))cQ}{\gamma^2(1 - \alpha)(b - r)} \end{array}}{1 + (\lambda - 1)\left(F(N(Q)) + \dfrac{\big(c - \gamma(r + \alpha(b - r))\big)Qf(N(Q))}{\gamma(1 - \alpha)(b - r)}\right)}. \end{aligned}$$

容易验证, 上式为正, 命题结论得证. 证毕

上述结论表明: 批发价与收益共享系数呈单调递增关系. 零售商要想分享更多的收益, 则分享给供应商的比例就要减少, 这就迫使供应商提高批发价, 以提高自身的效益.

定理 9.3.6 在收益共享契约下, 若契约参数满足 (9.3.3) 式, 则零售价格 b 随损失厌恶度 λ 单调递增, 分配比例 γ 随零售商的损失厌恶度 μ 单调递增.

证明 类似地, 令 $\phi(b,\lambda) = c - \gamma p + (\lambda - 1)\big(c - \gamma(r + \alpha(b - r))\big)F(N(Q))$, 其中,

$$N(Q) = \frac{c - \gamma(r + \alpha(b - r))}{\gamma(1 - \alpha)(b - r)}Q + \theta u.$$

利用隐函数的求导公式得

$$\begin{aligned} b'_\lambda &= -\frac{\phi'_\lambda(b,\lambda)}{\phi'_b(b,\lambda)} \\ &= \frac{\big(c - \gamma(r + \alpha(b - r))\big)F(N(Q))}{(\lambda - 1)\left(\gamma\alpha F(N(Q)) + \dfrac{\big(c - \gamma(r + \alpha(b - r))\big)(c - \gamma r)Qf(N(Q))}{\gamma(1 - \alpha)(b - r)^2}\right)} > 0. \end{aligned}$$

所以, 零售价格 b 随损失厌恶度 λ 单调递增.

再令 $\psi(\gamma,\lambda)=c-\gamma p+(\lambda-1)\big(c-\gamma(r+\alpha(b-r))\big)F(N(Q))$. 则

$$\begin{aligned}\gamma'(\lambda)&=-\frac{\psi'_\lambda(c,\lambda)}{\psi'_\gamma(c,\lambda)}\\&=\frac{\big(c-\gamma(r+\alpha(b-r))\big)F(N(Q))}{p+(\lambda-1)\left((r+\alpha(b-r))F\big(N(Q)\big)+\dfrac{\big(c-\gamma(r+\alpha(b-r))\big)Qf(N(Q))}{\gamma^2(1-\alpha)(b-r)}\right)}>0.\end{aligned}$$

命题结论得证. 证毕

上述结论表明: 收益共享比例一定时, 零售商的损失厌恶行为使供应商提高零售价. 批发价一定时, 损失厌恶型零售商要保留比损失中性的情形更多的收益共享比例.

参 考 文 献

[1] 廖金福. 库存管理入门. 广州: 广东经济出版社. 2004.

[2] 赵晓波, 黄四民. 库存管理. 2 版. 北京: 清华大学出版社, 2018.

[3] 周永务, 王圣东. 库存控制理论与方法. 北京: 科学出版社, 2009.

[4] 王道平, 侯美玲. 供应链库存管理与控制. 北京: 北京大学出版社, 2011.

[5] 钟玉金. 随机环境下需求依赖库存水平的供应链协调. 广西大学硕士学位论文, 2019.

[6] Harris F. Operations and Cost. Chicago: A. W. Shaw Co Factory Management Series, 1915.

[7] Wilson R H. A Scientific Routine for Stock Control. Massachusetts: Harvard Business Review XIII, 1934.

[8] Waters C D J. Inventory Control and Management. West Sussex：John Wiley & Sons Ltd, 2003.

[9] Zipkin P H. Foundations of Inventory Management. New York: McGraw-Hill, 2000.

[10] Rockafellar R T, Uryasev S. Optimization of conditional value-at-risk. Journal of Risk, 2000, 2: 21-41.

[11] Rockafellar R T, Uryasev S. Conditional value-at-risk for general loss distributions. Journal of Banking and Finance, 2002, 26: 1443-1471.

[12] Pentico D W, Drake M J. The deterministic EOQ with partial backordering: A new approach. European Journal of Operational Research, 2009, 194: 102-113.

[13] Wang Y J, Xing W, Gao H X. Optimal ordering policy for inventory mechanism with a stochastic short-term price discount. Journal of Industrial Management and Optimization, 2020, 16: 1187-1202.

[14] Wang Y J, Gao H X, Xing W. Optimal replenishment and stocking strategies for inventory mechanism with a dynamically stochastic short-term price discount. Journal of Global Optimization, 2018, 70: 27-53.

[15] Xu X S, Chan C K, Langevin A. Coping with risk management and fill rate in the loss-averse newsvendor model. International Journal of Production Economics, 2018, 195: 296-310.

[16] Xu X S, Wang H W, Dang C Y, Ji P. The loss-averse newsvendor model with backordering. International Journal of Production Economics, 2017, 188: 1-10.

[17] Xu X S, Meng Z Q, Ji P, Dang C Y, Wang H W. On the newsvendor model with conditional value-at-risk of opportunity loss. International Journal of Production Research, 2016, 54(8): 2449-2458.

[18] Xu X S, Meng Z Q, Shen R, Jiang M, Ji P. Optimal decisions for the loss-averse newsvendor model under CVaR. International Journal of Production Economics, 2015, 164: 146-159.